Gustave Aimard

Curumilla

2. Band

Gustave Aimard

Curumilla
2. Band

ISBN/EAN: 9783744643924

Hergestellt in Europa, USA, Kanada, Australien, Japan

Cover: Foto ©ninafisch / pixelio.de

Weitere Bücher finden Sie auf **www.hansebooks.com**

Curumilla.

Von

Gustav Aimard.

❊

Deutsch

von

W. E. Drugulin.

Zweiter Band.

Leipzig, 1861.

Verlag von Christian Ernst Kollmann.

I.

La Magdalena.

Ein Pueblo, oder Dorf, Namens la Magdalena, befindet sich an der Stelle, wo die Straßen nach Urès, Hermosillo und Sonora sich kreuzen und in ziemlich gleicher Entfernung der drei Hauptstädte des Staates, in einer wichtigen militairischen Lage.

Das, an und für sich, unbedeutende Pueblo genießt seit einiger Zeit, wegen seiner schönen Lage und der dort herrschenden reinen Luft, einen gewissen Ruf im Lande.

La Magdalena bildet eine Art längliches Viereck. Die eine Seite der Ortschaft spiegelt ihre weißen Häuser in dem klaren Gewässer des Rio San Pedro, der ein Ueberfluß des Gila ist; ein dichter aus Palma-Christi, Styrax, peruanischen Palmen und Mahagoni-Eichen bestehender Wald, bildet einen undurchdringlichen Wall gegen die heißen Winde der Wüste, erfrischt und reinigt die Luft und dient tausenden von Blauvögeln, Cardinälen und Loros, deren fröhliches Gezwitscher unter dem Laube ertönt, zum Aufenthalte. Die befiederten Gäste beleben die reizende Landschaft, die verlockende Oase, welche Gott hierher verlegte um den Wanderer durch die Prairien, die Leiden und Anstrengungen der Reise durch die Wüste vergessen zu machen.

Das Fest des Schutzheiligen von la Magdalena ist eins der besuchtesten von Sonora und pflegt zugleich auch eines der vergnügtesten zu sein. Da es mehre Tage währt, so finden sich die Hacienderos und Campasinos auf achtzig bis hundert Meilen im Umkreise dort zusammen. Während jenes Festes fließt der Pulque und Mezcal in Strömen, man hört nichts als die Töne der Jaranas und des Monté, es giebt Stiergefechte und Belustigungen aller Art und doch wird das Fest trotz des großen Zusammenflusses von Fremden nie durch irgend eine Missethat gestört.

Das mexikanische Volk ist nicht boshaft, sondern nur ein verzogenes, eigensinniges und heftiges Kind.

Drei Tage nach den Ereignissen, welche wir im vorhergehenden Kapitel berichtet haben, herrschte in la Magdalena, wo eben das jährliche fröhliche Fest gefeiert wurde, ein außerordentlich reges Leben und Treiben.

Das Fest schien keinen Antheil an der allgemeinen Aufregung zu haben, denn die Spiele waren plötzlich unterbrochen worden und die Menge eilte, drängend, stoßend, lachend nach einem Ende des Pueblo, wo, wie man aus einigen hingeworfenen Worten, die wir hie und da aufgefangen, schließen etwas außerordentliches vorzugehen schien.

In der That hörte man bald Hörner blasen und eine Truppe bewaffneter Männer rückte in geregelten

Reihen mit schnellen entschlossenen Schritten in das Pueblo ein.

Zuerst erschien ein Vortrab von ohngefähr zehn gut berittenen Reitern; hierauf folgte eine zahlreiche Truppe, welche aus Sectionen von ohngefähr je dreißig Mann bestand und die ein Banner in ihrer Mitte trug, auf welchem die Inschrift: „Independencia de la Sonora" zu lesen war.

Hinter jener Truppe erblickte man zwei Kanonen, die mit Maulthieren bespannt waren, worauf eine Schwadron Reiter erschien denen eine lange Reihe von Packwagen und Karren folgte.

Ein Nachtrab von ohngefähr zwanzig Reitern beschloß den Zug.

Diese kleine Armee, welche aus etwa dreihundert Mann bestand, durchzog das Pueblo in seiner ganzen Länge und schritt mit stolzem Blick und aufrechter Haltung an der Doppelreihe der Neugierigen vorüber, die sich auf ihrem Wege aufgestellt hatten. Auf einen Wink des Anführers machten sie ohngefähr zweihundert Schritt vom Pueblo an der Stelle Halt, wo die drei sich kreuzenden Straßen einen Winkel bildeten.

Dort wurde die Fahne aufgepflanzt und Befehl gegeben das Lager aufzuschlagen.

Es wird ohne Zweifel überflüssig sein, dem Leser mitzutheilen, daß die Armee ganz einfach die Compagnie Atrevida war, die unter dem Befehle des Grafen de Prébois=Crancé stand.

Die gute Haltung und das kriegerische Wesen der

1*

Leute hatte die Bewohner des Pueblo, welches sie so keck durchschritten, günstig für sie gestimmt. Tücher und Sombreros wurden, wo sie vorüber kamen geschwenkt und es ließen sich Bravos vernehmen.

Der Graf, welcher seiner Compagnie einige Schritte voraus ritt, hörte keinen Augenblick auf rechts und links freundlich zu grüßen und er fand auf der ganzen Strecke seines Weges die wärmste Erwiederung.

Kein Volk ist so geschickt wie die Franzosen aus Allem Nutzen zu ziehen und so zu sagen aus der Noth eine Tugend zu machen.

Sobald der Befehl das Lager aufzuschlagen gegeben war, legte jeder Hand an's Werk und da man geschickt alles zu verwenden wußte, dessen man habhaft werden konnte war in weniger als zwei Stunden ein so malerisches und freundliches Lager errichtet als man sich nur irgend denken kann.

Da sich der Graf aber als auf feindlichem Gebiet stehend betrachtete, so versäumte man nichts um sich nicht nur gegen einen Ueberfall zu sichern, sondern auch das Lager in guten Vertheidigungszustand zu setzen. Die Abenteurer bildeten mit Hülfe der Packwagen und Karren und einer ansehnlichen Anzahl umgeschlagener Baumstämme einen Wall den ein breiter Graben, dessen Erde schanzenförmig nach außen hin aufgeworfen war, noch wirksamer unterstützte. In der Mitte des Lagers erhob sich die Hütte des Anführers auf einer kleinen Anhöhe und vor derselben waren die Kanonen aufge-

fahren. Von dem Dache jener Hütte flatterte die bereits
erwähnte Fahne.

Die Ankunft der Franzosen war für die Sonoraner, welche das Fest herbeigezogen hatte ein Gegenstand der Freude. Die Truppe wurde übrigens bereits
seit einigen Tagen stündlich von den Einwohnern erwartet und man hatte trotz der Proclamationen der
mexikanischen Regierung, welche die Franzosen als Räuber und Plünderer darstellte keine andern Vorsichtsmaßregeln ergriffen als ihnen entgegen zu eilen und sie
willkommen zu heißen. Der Umstand war bezeichnend
genug und bewies deutlich, daß sich die allgemeine
Meinung über den Zweck der gegen die Franzosen erlasse-
nen Proclamationen keineswegs täusche und Jedermann
sehr gut wußte auf welcher Seite das gute Recht stehe.

Als das Lager aufgeschlagen war erschienen die
Behörden des Publo an einer der Barrièren um im
Namen ihrer Mitbürger um die Vergünstigung zu bitten, die Franzosen in ihrer Häuslichkeit besuchen zu
dürfen.

Der Graf war über diesen Schritt erfreut denn
er sah darin ein günstiges Vorzeichen für die Beziehungen in welche er später zu den Einwohnern zu treten
gedachte und beeilte sich daher dem Wunsche bereitwilligst
zu entsprechen.

De Laville war zehn Meilen vor dem Pueblo zu
dem Grafen gestoßen und hatte der Compagnie seine
achtzig Reiter zugeführt, welche nicht wenig beitrugen
der Compagnie ein stattliches Ansehen zu geben. Don

Louis, welcher bereits seit langer Zeit den Capitain von Guetzalli kannte, ernannte ihn zu seinem Generalmajor und übertrug ihm die stets lästigen Arbeiten des täglichen Dienstes.

De Laville nahm bereitwillig diesen Beweis von Vertrauen entgegen und der Graf der nun volle Freiheit hatte sich mit dem politischen Theile des Unternehmens zu beschäftigen zog sich in sein Zelt zurück um über den geeignetsten Weg nachzusinnen wie er das um ihn versammelte Volk für seine Sache gewinnen könne.

Seit dem Tage wo der General Guerrero in Begleitung des Pater Seraphin in der Mission erschienen war, hatte der Graf aus Schicklichkeitsgefühl vermieden Dona Angela wieder zu sehen, obwohl er mit der größten Aufmerksamkeit über sie wachte. Das junge Mädchen wußte sein Zartgefühl zu würdigen und suchte ihrerseits keine Gelegenheit ihn zu sehen. Sie hatte die Reise von der Mission nach la Magdalena in einem verschlossenen Palanquin zurück gelegt und man errichtete ihr eine Hütte in geringer Entfernung von der des Grafen.

Kaum hatten die Behörden des Pueblo die erbetene Erlaubniß erhalten, als das Lager der Abenteurer ein Ziel oder vielmehr das einzige Ziel ihrer Wanderungen wurde. Die neugierige Menge, die begierig war die verwegenen Männer zu schauen, welche sich trotz ihrer geringen Anzahl nicht scheuten der mexikanischen Regierung offenen Krieg zu erklären, strömte zahlreich herbei.

Die Abenteurer empfingen ihre Besucher mit jener

Munterkeit, Offenheit und muthwilligen Laune die dem französischen Volke eigen ist und vermöge dessen sie sich bald die Herzen der Sonoraner gewannen. Je öfter sie Letztere sahen je öfter wünschten sie sie zu sehen und konnten nicht satt werden ihre Sorglosigkeit und besonders ihr unerschütterliches Vertrauen zu dem Gelingen ihres Unternehmens zu bewundern.

Die Nacht brach unterdessen herein, die Sonne war rasch am Horizonte gesunken als Don Cornelio, der das Amt eines Adjutanten des Grafen verwaltete den Vorhang des Zeltes zurück schlug und dem Grafen meldete daß ein hochgestellter Officier der einen Auftrag für ihn habe ihn zu sprechen wünsche.

Don Louis gab Befehl ihn einzulassen. Der Bote trat ein und er erkannte sofort den Obersten Suarez in ihm.

Der Oberst legte seinerseits seine Ueberraschung an den Tag, als er den Mann erkannte welchen er in Guetzalli gesehen ohne sich erklären zu können wer er sei.

Don Louis lächelte über das Erstaunen des Obersten, grüßte ihn höflich und nöthigte ihn Platz zu nehmen.

„Mein Herr," sagte der Oberst, als die ersten Begrüßungen vorüber waren, „ich bin von dem General Guerrero beauftragt Ihnen einen Brief zu überbringen."

„Man hat es mir bereits gesagt, Oberst," antwortete der Graf, „ohne Zweifel ist Ihnen der Inhalt des Briefes bekannt?"

„So ziemlich, mein Herr, da ich mündlich einige Worte hinzuzufügen habe."

„Ich bin bereit sie anzuhören."

„Ich werde Ihre Zeit nicht lange in Anspruch nehmen, mein Herr. Hier ist vor allen Dingen der Brief."

„Gut," antwortete der Graf, indem er ihn nahm und auf einen Tisch legte.

„Der General Don Sebastian Guerrero," fuhr der Oberst fort „gewährt Ihnen die Bitte, welche Sie ihm die Ehre anthun an ihn zu richten, und sagt Ihnen die Hand seiner Tochter zu. Er wünscht nur daß wo möglich die Trauung schleunigst vollzogen werde."

„Dem stellt sich nichts entgegen."

„Außerdem wünscht er daß die Trauung, welcher er mit einer großen Zahl seiner Freunde beiwohnen will in la Magdalena stattfinde und durch den Pater Seraphin vollzogen werde."

„Dagegen würde ich einige Einwendungen zu machen haben, Oberst."

„Ich höre, Caballero."

„Ich bin bereit mich durch Pater Seraphin trauen zu lassen, doch wird die Handlung nicht in la Magdalena, sondern hier in meinem Lager stattfinden, welches ich weder verlassen darf, noch will."

Der Oberst runzelte die Brauen; der Graf schien es nicht zu bemerken, sondern fuhr fort:

„Der General kann der Trauung mit so viel Freunden beiwohnen als er will; da wir leider aber nicht in den freundschaftlichen Beziehungen zu einander stehen, welche ich wünschen würde und da ich auf meine Sicherheit ebenso gut bedacht sein muß, als er auf die seinige, so wird er mir zehn der einflußreichsten Männer des Staates als Geißeln zuschicken. Dieselben sollen von mir mit der größten Achtung und Rücksicht behandelt werden und der General kann sie eine Stunde nach vollzogener Trauung und wenn sämmtliche Gäste das Lager verlassen haben wieder in Empfang nehmen. Ich erkläre Ihnen, Oberst, daß wenn gegen mich oder einen der Leute, die zu befehligen ich die Ehre habe, der geringste Verrath geübt wird, ich die Geißeln sofort erschießen lasse.'"

„Wie!" rief der Oberst aus, „hegen Sie Miß-trauen gegen den General Guerrero und glauben Sie nicht an seine Ehre als Caballero?"

„Mein Herr," antwortete der Graf trocken, „ich habe leider auf meine Unkosten erfahren müssen was bei gewissen Mexikanern die Ehre des Caballero bedeutet und werde nicht weiter auf den Gegenstand eingehen. Sie kennen jetzt meine Bedingungen, welche anzunehmen dem General freisteht, doch werde ich auf keinen Fall etwas daran ändern."

„Gut, mein Herr," sagte der Oberst den der ent-schlossene Ton des Grafen einschüchterte, „ich werde die Ehre haben dem General diese harten Bedingungen mitzutheilen."

Don Louis verneigte sich.

„Ich zweifle, daß er sie annehmen wird" fuhr der Oberst fort.

„Das steht bei ihm."

„Giebt es denn kein anderes Mittel eine Verstän-
digung herbei zu führen?“

„Ich kenne keins.“

„Für den wenig wahrscheinlichen Fall, daß der
General einwilligt bitte ich mir zu sagen wie ich es
Ihnen auf dem kürzesten Wege kund geben kann?“

„Das wird am einfachsten durch die Ankunft des
Pater Seraphin und der Geißeln geschehen.“

„Wann würde, für den Fall die Trauung stattfinden?“

„Zwei Stunden nachdem die Geißeln in meinem
Lager eingetroffen sind.“

„Ich entferne mich mein Herr, um meinem Vor=
gesetzten Ihre Antwort zu überbringen.“

„Thun Sie das, mein Herr.“

Der Oberst entfernte sich.

Der Graf, welcher mit Gewißheit annahm, daß
auf seine Bedingungen eingegangen würde, ertheilte sofort
die nöthigen Befehle um eine Hütte errichten zu lassen,
die als Capelle dienen sollte. Dann schrieb er ein
Billet, welches er durch Don Cornelio an Dona Angela
überbringen ließ. Das Billet war nur kurz und enthielt
folgende Zeilen:

„Fräulein!

Ich habe die Antwort Ihres Vaters erhalten; sie
lautet günstig. Wahrscheinlich wird morgen unsere
Trauung stattfinden. Ich wache über Sie und mich.

Graf de Prébois=Crancé.“

Nachdem er dieses Billet abgeschickt, hüllte sich
der Graf in einen Mantel und ging aus, um die

Posten zu besuchen und sich zu überzeugen, daß die Schildwachen wachsam seien.

Die Nacht war hell und lau; am Himmel blitzten unzählige Sterne; die Luft war von tausend Wohlgerüchen erfüllt, von Zeit zu Zeit trug der Wind einzelne Klänge der Jaranas vom Pueblo zu dem Grafen hinüber.

Das Lager war still und Dunkel. Die Abenteurer überließen sich unter ihren Toldos und Jacals einer Ruhe, deren sie nach dem angestrengten Marsche dringend bedurften; die Pferde standen ausgepflöckt in bunter Reihe mit den Maulthieren und verzehrten ihren ~~Alfalfa~~. Die Schildwachen schritten, mit dem Gewehr auf der Schulter, langsam um die Verschanzungen herum und blickten hinaus in die Ebene.

Nachdem der Graf eine Weile umhergegangen und sich überzeugt hatte, daß überall die strengste Ordnung herrsche, überließ er sich dem schwermüthigen geheimnißvollem Reize der Nacht, indem er sich an eine Verschanzung lehnte, in die Ferne hinausblickte, ohne einen besonderen Gegenstand auf's Korn zu nehmen, und sich dem träumerischen Einflusse seiner Umgebung überließ.

Von Zeit zu Zeit erhob er zerstreut den Kopf, wenn sich die Schildwachen die Parole zuriefen; hierauf überließ er sich wieder dem Strome seiner Gedanken in welche er bald so vertieft war, daß er zu schlafen schien. Dem war aber nicht so.

Er lehnte bereits seit mehren Stunden an der Schanze, ohne daran zu denken sich zurückzuziehen, als sich plötzlich eine Hand leicht auf seine Schulter legte.

So leise die Berührung auch war, genügte sie doch, um ihn aus der Welt der Träume in die Wirklichkeit zurückzurufen.

Der Graf unterdrückte, als er sich umsah einen Schrei der Ueberraschung.

Ein Mann klammerte sich von außen an den Wall, über welchem sein Kopf hervorragte.

Der Mann war Curumilla.

Der Häuptling legte einen Finger an den Mund, als wolle er den Grafen zur Vorsicht ermahnen.

Dieser äußerte seine Freude als er den Indianer erkannte und neigte sich rasch zu ihm.

„Nun?" fragte er indem er sich dicht an sein Ohr neigte.

„Morgen werdet Ihr angegriffen werden."

„Wißt Ihr es gewiß?"

Der Indianer lächelte.

„Ja," sagte er.

„Wann?"

„Des Nachts."

„Zu welcher Stunde?"

„Eine Stunde vor dem Aufgange des Mondes."

„Durch wen?"

„Durch die Bleichgesichter."

„Oho!"

„Lebt wohl."

„Ihr geht wieder?"

„Ja."

„Sehen wir uns wieder?"

„Vielleicht."

„Wann?"

„Morgen."

„Und Valentin?"

„Er wird kommen."

Der Indianer, den die lange Unterhaltung, die er gegen seine sonstige Gewohnheit hatte führen müssen, obwohl er eben nicht viel Worte verschwendet hatte, ermüdet haben mochte, ließ sich ohne weiter eine Antwort abwarten an der Schanze hinuntergleiten.

Louis folgte ihm mit den Augen, er sah wie er mit schlangenartiger Bewegung auf den Knien fortrutschte und sich geräuschlos entfernte.

Der ganze Auftritt war so schnell vorüber und der Indianer entfernte sich so unbemerkt, daß er geneigt war das Ganze für ein Traumgesicht zu halten; bald aber erhob sich der Schrei der Eule zu zwei wiederholten Malen.

Das war ein seit langer Zeit zwischen Valentin und dem Grafen verabredetes Zeichen. Er begriff daß Curumilla ihm nicht nur verkünden wolle, daß er in Sicherheit sei, sondern ihn wiederholt zur Vorsicht ermahnte. Er schüttelte traurig den Kopf, kehrte nachdenklich in sein Zelt zurück und murmelte für sich:

„Wieder eine Verrätherei!"

II.

Der Hahnenkampf.

Der Graf von Prébois-Crancé hatte, als er nach la
Magdalena marschirte einen zweifachen Zweck. Erstlich
wollte er sich mit den reichen Haciendercos und den
Alcaden, der mit der mexikanischen Regierung unzufriedenen Pueblos, in Verbindung setzen, um zu versuchen sie durch die Schilderung der Vortheile, welche
sie durch die Unabhängigkeit, die er ihnen bot, genießen
würden zu bestimmen sich zu ihm zu halten; zweitens
beabsichtigte er, den General Guerrero durch die strate-
gische Lage von la Magdalena zu schrecken, indem er
scheinbar jede der drei Hauptstädte von Sonora bedrohte.

Sobald der Krieg erklärt war, hatte der General
die Völker in jener pomphaften prahlerischen Art, die
den Mexikanern eigen ist, die aber nur die Thoren
blendet, aufgerufen.

Die Bewohner von Sonora empfanden wenig
Theilnahme für die Regierung und hatten wenig Lust
sich in die persönlichen Streitigkeiten des Generals zu
mischen, blieben daher ruhig zu Hause und beant-
worteten den sogenannten patriotischen Aufruf ihres
Vorgesetzten mit Stillschweigen, und zwar um so mehr
als die Franzosen seit den vier Monaten die sie in
Sonora weilten sich auf allen ihren Streifzügen gegen
die Einwohner so musterhaft benommen hatten, daß nie
eine Klage gegen sie geführt worden war.

Der General, welcher einsah, daß seine Absichten vereitelt waren, schlug einen anderen Weg ein. Er hatte sich seines militairischen Ansehens bedient um Aushebungen und erzwungene Anwerbungen zu veranstalten. Damit begnügte er sich aber nicht, sondern unterhandelte mit den Hiaquis- und Opatas-Indianern um seine Armee zu verstärken.

Er beabsichtigte anfangs auch die Apachen anzuwerben; doch war denselben durch die harte Lehre, welche sie von den Franzosen erhalten, vorläufig die Kriegslust vergangen und sie hatten sich in ihre Wildniß zurückgezogen ohne auf neue Vorschläge hören zu wollen.

Indessen war es doch dem General Guerrero gelungen eine ansehnliche Macht zusammen zu bringen. Seine Armee belief sich auf beinahe zwölftausend Mann, was gegen die geringe Anzahl, die der Feind in's Feld führen konnte, eine gewaltige Macht war.

Wir müssen dem Generale, troß seiner zahllosen Prahlereien und seiner fortwährenden Märsche und Gegenmärsche, die Gerechtigkeit widerfahren lassen, zu bekennen, daß er vor seinem Feinde unwillkürliche Achtung oder vielmehr eine wohlbegründete Furcht hegte, welche ihn bestimmte vorsichtig zu sein und sich nie den französischen Vorposten zu sehr zu nähern.

Er begnügte sich die Bewegungen des Grafen genau zu überwachen, und die drei Straßen militairisch zu occupiren, damit er sich rasch nach dem von den Abenteurern bedrohten Punkte wenden könnte.

Sonderbarer Weise haben die Südamerikaner, troß

der Jahrhunderte welche darüber verflossen, und trotzdem
sie fast rein spanischer Abstammung sind, die aber=
gläubische Furcht nie überwinden können welche ihnen
die europäischen Eroberer einflößen.

Die Heldenthaten jener tapferen Abenteurer leben
noch im Munde Aller, und zu der Zeit der Unab=
hängigkeitserklärung ist es mehr wie einmal geschehen,
daß eine kleine Zahl Spanier sich nur zu zeigen brauchte,
um eine Menge mexikanischer Insurgenten in die Flucht
zu jagen.

Der schlagendste Beweis für diese Behauptung
liefert der Umstand, daß jetzt dreihundert französische
Abenteurer, die sich allein in einem unbekannten
Lande befanden, dessen Sprache die Meisten nicht ver=
standen, im Stande waren eine Armee von zwölftausend
Mann, deren Anführer für erfahrene Soldaten galten,
in Schach zu erhalten und nicht nur den Staat Sonora
in welchem sie sich aufgestellt hatten, sondern den Bun=
destag in Mexiko selbst erschreckten.

Die Verwegenheit und Keckheit des Unternehmens,
welches der Graf wagte, steigerte jenen Schrecken wo
möglich noch mehr. Jenes Unternehmen war dermaßen
tollkühn, daß die Verständigen nicht umhin konnten
anzunehmen, der Graf werde heimlich durch gewaltige
Bundesgenossen unterstützt, welche nur des günstigen
Augenblickes harrten um sich zu zeigen.

Die Spione und Kundschafter des Grafen waren
bemüht jene Furcht immer wach zu erhalten. Die
Kühnheit seiner Bewegungen, die Entschlossenheit mit

welcher er auftrat und schließlich die Occupation von la Magdalena, die ihm ohne Schwerdtstreich gelungen war, steigerten die Besorgniß der Regierung auf den höchsten Grad, und machte dieselbe über die Absichten des Franzosen oder Cabecillas, wie sie ihn nannten, immer zweifelhafter.

Gegen fünf Uhr Morgens wurde der Vorhang vor dem Zelte des Grafen zurückgeschlagen und ein Mann trat ein.

Don Louis schreckte aus dem Schlafe empor, rieb sich die Augen, griff indem er aufstand mit beiden Händen nach seinen Pistolen und sagte in festem Tone:

„Wer da?"

„Wer anders als ich!" versetzte der Ankömmling; „wer sollte es sonst wagen hier einzutreten."

„Valentin," rief der Graf erfreut aus und warf seine Pistolen bei Seite. „Sei willkommen Bruder, ich erwartete Dich mit Ungeduld."

„Dank," antwortete der Jäger. „Hat Dir Curumilla nicht meine Rückkehr für heute Nacht gemeldet?"

„Ja," versetzte der Graf lachend, „überdies weißt Du, wie leicht es ist den Häuptling zum Reden zu bringen."

„Sehr wahr. Nun, ich bringe Dir die Nachrichten, welche er Dir melden sollte, selbst, und das ist vielleicht noch besser."

Der Graf hatte sich angekleidet, oder vielmehr seinen Rock und sein Zarapé wieder übergeworfen, denn er hatte sich völlig angekleidet auf sein Lager gelegt.

„Setze Dich auf einen Equipal," sagte er, „und laß uns miteinander reden."

„Ich ziehe vor, hinaus zu gehen."

„Wie Du willst," antwortete Don Louis, welcher vermuthete, daß sein Freund besondere Gründe habe, um so zu handeln.

Beide verließen das Zelt.

„Capitain de Laville," redete der Jäger den jungen Mann an, den er vor dem Zelte auf= und abgehend traf, „ich bitte um eine Begleitung von zehn Mann und ein paar Pferde für den Grafen und für mich."

„Gleich?"

„Ja wenn es möglich ist."

„Sehr wohl."

„Verlassen wir das Lager?" fragte Louis sobald sie allein waren.

„Wir gehen nach la Magdalena," antwortete der Jäger.

„Das trifft sehr ungelegen in diesem Augenblick."

„Warum denn?"

„Weil ich die Antwort des Generals erwarte."

„Dann kannst Du getrost kommen," antwortete der Jäger mit einem spöttischen Lächeln, „denn jene Antwort wird gar nicht eintreffen. Die Botschaft des Generals war nur eitler Schein um Deine Wachsamkeit zu täuschen."

„Oho! bist Du dessen gewiß?"

„Das wollte ich meinen!"

In dem Augenblick kamen die zur Begleitung bestimmten Soldaten herbei.

Louis und Valentin schwangen sich in den Sattel.

Es war höchstens sechs Uhr Morgens; die Gegend
war einsam und die vom Morgenwinde bewegten Baum-
wipfel schüttelten die schweren Thautropfen von ihren
Blättern und ließen sie auf das Gras herunter regnen;
die Sonne sog die dichten Dünste auf, die von der Erde
aufstiegen, und unter dem Laube stimmten die erwachenden
Vögel ihr Morgenlied an.

Die beiden Freunde schritten ihrem Gefolge etwas
voran und ritten gedankenvoll, mit schlaff herabhängendem
Zügel neben einander her, während sie die prächtige
Landschaft, die sich vor ihnen ausbreitete, mit zerstreuten
Blicken betrachteten.

Schon wurden die ersten Häuser des Pueblo
sichtbar und lächelten ihnen aus den umgebenden Ge-
büschen von Floripondios und wildem Weine hinter
einer Biegung des Weges entgegen. Louis erhob den Kopf.

„Gewiß," sagte er, wie zu sich selbst, ich schwöre
bei Gott, daß es das letzte Mal sein soll, daß es dem
General Guerrero gelingt mich zu foppen. Offenbar
hat der Oberst Suarez mein Lager nur in der Absicht
betreten, um zu sehen in welchem Zustande wir uns befinden."

„Aus keinem anderen Grunde."

„Wo gehen wir denn eigentlich hin?"

„Wir werden einem Hahnenkampfe beiwohnen."

„Einem Hahnenkampfe beiwohnen?" fragte der
Graf erstaunt.

Der Jäger warf ihm einen bedeutsamen Blick zu.

„Ja," antwortete er; „Du wirst wahrscheinlich wissen, oder wenn es nicht der Fall sein sollte, erfährst Du durch mich, daß stets die schönsten Hahnenkämpfe bei dem jährlichen Feste des Schutzpatrones von la Magdalena, hier statt finden.

„So," antwortete Louis gleichgültig.

„Ich bin überzeugt daß es Dir Vergnügen machen wird," fuhr Valentin im neckenden Tone fort.

Der Graf begriff vollkommen, daß der Jäger nur deshalb so rede: um diejenigen zu täuschen, die ihn etwa belauschten und er schwieg in der Ueberzeugung, daß sich bald Alles aufklären werde.

In dem Augenblick betrat die kleine Truppe das Pueblo, dessen Häuser allmählich geöffnet wurden und dessen eben erwachte Einwohner ihnen im Vorübergehen fröhlich und freundschaftlich entgegen lächelten.

Nachdem sie zwei bis drei Straßen langsam durchschritten hatten, hielt die Truppe, auf einen Wink Valentins, vor einem ziemlich ärmlich aussehendem Hause, daß sich von den übrigen durch nichts auszeichnete und den Blicken der Fremden nichts Sehenswerthes bot.

„Es ist hier," sagte der Jäger.

Sie hielten und stiegen ab. Hierauf ertheilte Valentin dem Anführer der Truppe den gemessenen Befehl, nebst seinen Leuten im Sattel zu bleiben, und bis zur Rückkehr des Grafen weder rechts noch links abzuschwenken. Dann klopfte er bescheiden an die

Thür, welche sich sofort öffnete. Sie traten beide ein und die Thür schloß sich hinter ihnen, ohne daß sich Jemand blicken ließ.

Kaum eingetreten führte der Jäger seinen Begleiter in ein Cuarto dessen Thür er mit einem Schlüssel öffnete, welchen er aus seiner Tasche zog.

„Thue wie ich," sagte er, indem er seinen Hut von Vigognehaar und sein Zarapé ablegte und gegen einen Mantel und einen breitkrämpigen Strohhut umtauschte.

Der Graf that wie ihm geheißen.

„Jetzt komm."

Beide hüllten sich sorgfältig in ihre Mäntel, drückten den Hut tief in die Augen und verließen das Haus durch eine versteckte, in der Mauer angebrachte Thür, die in das Nebenhaus führte, welches sie gleichfalls leer fanden und durchschritten, um wieder auf die Straße zurückzukehren.

Während der kurzen Zeit, die sie im Hause zugebracht, hatte das Pueblo ein völlig verändertes Aussehen gewonnen. Die Straßen waren jetzt gedrängt voll Menschen, welche hin= und wieder gingen, und überall sah man Kinder und Leperos, welche eine Art kleine Böller und Schwärmer abbrannten und den Knall mit Jubelgeschrei und Gelächter begleiteten.

Im ganzen spanischen Amerika und besonders in Mexiko wird kein einigermaßen bedeutendes Fest begangen, ohne Schwärmer und Feuerwerke abzubrennen. Das

Knallen der Frösche gilt für den Gipfelpunkt der Freude. Dabei fällt uns eine sehr charakteristische Anekdote ein.

Einige Zeit, nachdem die Spanier vollständig aus Mexiko vertrieben worden, fragte König Ferdinand eines Morgens einen reichen Mexikaner, der sich an den spanischen Hof geflüchtet hatte:

„Was werden wohl in dem Augenblicke Eure Landsleute treiben, Senor Don Louis de Cerda?"

„Majestät," antwortete der Mexikaner mit feierlichem Ernste, indem er sich vor dem Könige verneigte, sie brennen Schwärmer ab."

„Aha!" sagte der König und ging vorüber.

Einige Stunden später redete der König den Edelmann abermals an; es war zwei Uhr des Nachmittags.

„Und jetzt," fragte er heiter, „was treiben sie jetzt?"

„Majestät," antwortete der Mexikaner mit demselben feierlichen Ernste, „sie fahren fort Schwärmer abzubrennen."

Der König lächelte, erwiederte aber nichts. Am Abende aber richtete er wieder dieselbe Frage an den Edelmann, welcher mit unerschöpflichem Gleichmuthe antwortete:

„Mit Verlaub, Majestät, sie brennen immer und immer mehr Schwärmer ab."

Dieses Mal konnte der König nicht länger an sich halten und brach in ein schallendes Gelächter aus, was um so auffallender war, als jener Fürst nicht in dem Rufe stand besonders scherzhaft aufgelegt zu sein.

Die Mexikaner fröhnen drei ausschließlichen Leidenschaften: dem Montéspiel, den Hahnenkämpfen und dem Abbrennen von Schwärmern. Wir glauben daß die letztere am tiefsten Wurzel bei ihnen geschlagen hat; die Masse des Pulvers, welches man in Mexiko auf solche Weise verpufft, ist ganz unberechenbar.

Man brannte also Schwärmer in allen Straßen und auf allen Plätzen von la Magdalena ab, sie prasselten fortwährend unter den Füßen unserer beiden Freunde, welche bereits lange genug mit den mexikanischen Sitten vertraut waren, um das Feuerwerk nicht weiter zu beachten, sondern ihren Weg unbehindert fortsetzten, und sich so gut sie konnten, durch die bunte Menge durchzudrängen suchten, welche aus Indianern, Mestizen, Negern, Zambos, Spaniern, Mexikanern und Nordamerikanern bestand, und lebhaft um sie her auf- und abwogte.

Endlich betraten sie ein Gäßchen, welches ohngefähr von der Mitte der Calle San Pedro seitwärts führte.

„Höre," sagte Louis, „wollen wir wirklich einem Hahnenkampfe beiwohnen?"

„Gewiß," antwortete Valentin lächelnd, „laß mich nur machen, ich habe Dir ja gesagt daß es Dich interessiren würde."

„Welcher Einfall," versetzte der Graf mit gleichgültigem Achselzucken; „Du hast verteufelt verrückte Ideen."

„Schon gut, schon gut!" sagte Valentin lachend, „wir werden ja sehen; wir sind übrigens angekommen."

Sie traten ohne ein Wort hinzuzufügen in ein Haus.

In Mexiko giebt es kein Vergnügen, was nächst dem Monté und etwa den Feuerwerken so allgemeine Theilnahme erregt als ein Hahnenkampf, der nicht nur von den niedrigen Klassen der Gesellschaft eifrig besucht wird. In dieser Hinsicht giebt es keinen Unterschied zwischen dem Präsidenten der Republik und dem einfachsten Bürger, zwischen dem commandirenden General und dem ärmsten Lepero oder dem höchsten Würdenträger der Kirche und dem unbedeutendsten Sakristan. Weiße, Schwarze, Mestizen und Indianer, mit einem Worte das ganze Volk drängt sich eifrig zu dem blutigen Schauspiele, das von höchstem Interesse für dasselbe ist.

Der Kampfplatz wird folgendermaßen angeordnet: hinter einem Hause wählt man einen geräumigen, eingezäunten Platz, in dessen Mitte sich ein kreisförmiges Amphitheater erhebt, welches funfzig bis sechzig Fuß im Durchmesser hat. Dasselbe ist aus Backsteinen erbaut und von Außen und Innen sorgfältig mit Mörtel beworfen.

Fünf Reihen leiterförmig über einander sich erhebende Sitze füllen den inneren Raum des Baues vollständig aus.

Bis die Thüren geöffnet werden, erblickt Niemand das zum Kampfe auserlesene Geflügel.

Endlich, nachdem das Publikum eingelassen worden, bringt man die Hähne herbei; die Wettenden kaufen Jeder einen, welchen man dem Zurichter übergiebt, der für die einleitenden Vorbereitungen zu sorgen hat.

Jene Vorrichtungen sind übrigens sehr einfach. Die Sporen welche man einige Tage zuvor den Hähnen abgeschnitten, werden jetzt durch künstliche ersetzt, die aus einer Klinge von glattem Stahl bestehen, welche ohngefähr drei Zoll lang ist und etwa eine Breite von einem halben Zoll an der Wurzel haben, leicht nach oben krümmen, in einer Spitze endigen an der äußeren Kante geschärft sind. Diese Sp werden durch Schlösser an dem Beine befestigt.

Nachdem die Hähne auf solche Weise zum Kampfe vorbereitet worden, werden sie von den Zurichtern, die sie in die Luft empor halten und der Musterung der Versammlung unterwerfen, um ihre Wetten bestimmen zu können, in der Arena umher getragen.

Es werden auf solche Kampfhähne unglaubliche Summen verwettet. Viele richten sich dabei vollständig zu Grunde.

In dem Augenblicke, wo die Franzosen eintraten, hatte das Schauspiel bereits lange begonnen, so daß die besten Plätze besetzt waren und die Zuschauer dicht gegen einander gedrängt in der Arena standen.

Da unsere beiden Freunde aber keineswegs in der Absicht kamen thätigen Antheil an dem Schauspiele zu nehmen, setzten sie sich bescheiden auf die Einfassungsmauer, wo ihnen eine Anzahl zerlumpter Leperos, die zu arm waren um zu wetten, Gesellschaft leisteten und mit neidischen Blicken und verbissenem Grimme die Glücklichen betrachteten, die sich zu ihren Füßen schreiend und lärmend drängten und stießen.

Die Aufregung hatte ihren Gipfel erreicht. Aller Augen waren auf die Arena gerichtet, wo seltsamer

Weise, ein einziger Hahn neun Gegner nach und nach besiegt hatte.

Die Franzosen benutzten die Spannung der Zuschauer sich unbemerkt vorbei zu stehlen und die besagten e einzunehmen.

Nach einer Weile zündete Valentin ein Mais-jillo an und neigte sich zu seinem Milchbruder, welchem er zuflüsterte:

„Erwarte mich hier, ich werde gleich wieder da sein."

Louis nickte beifällig mit dem Kopfe.

Valentin stand mit gleichgültiger Miene auf, schritt nachlässig die Stufen herunter und es gelang ihm, sich mit der Cigarre im Munde, unter die Zuschauer zu drängen, welche die Arena umstanden.

Der Graf verfolgte ihn eine Zeit lang mit den Blicken, verlor ihn aber bald unter der Menge aus den Augen.

Jetzt richtete er seine Aufmerksamkeit auf die Arena und fühlte sich unwillkürlich von dem Reize jenes selt-samen Schauspieles angezogen und verfolgte es mit einer Art Vergnügen.

Die Kämpfe folgten sich rasch aufeinander und boten in neue aber stets spannende Abwechselung. Schon fing der Graf an, sich über die lange Abwesen-heit seines Milchbruders zu wundern, der sich bereits seit eine viertel Stunde entfernt hatte, als er ihn plötzlich wieder vor sich stehen sah.

„ ?" fragte er.

„Nun?" antwortete Valentin in castilischer Sprache, „es scheint, daß ich recht hatte, als ich vermuthete daß die Hähne des Don Rodriguez Wunder thun würden. Komm doch und sieh Dir die Sachen in der Nähe an, ich versichere Dich, daß es sehenswerth ist."

Der Graf stand, ohne zu antworten auf, und folgte ihm.

III.

Die Berathung.

Die Verkleidung der Franzosen war so gelungen und die Aufmerksamkeit Aller so ausschließlich der Arena zugewendet, daß es ihnen gelang das Amphitheater ebenso unbemerkt zu verlassen, wie sie es betreten hatten.

Als sie einen ziemlich dunklen Gang erreicht hatten der in das Innere des Hauses führte, blieb Valentin stehen.

„Höre mich aufmerksam an Louis," flüsterte er seinem Freunde kaum hörbar in's Ohr, „jetzt ist der Augenblick gekommen Dir zu sagen weshalb ich Dich hergeführt habe."

„Ich höre," antwortete der Graf.

„Ich bin, seitdem ich Dich in der Mission ver= lassen, wie Du leicht denken kannst nicht unthätig geblieben; ich habe die Gegend durchstreift, mich mit den reichsten und angesehensten Einwohnern in Verbindung gesetzt und es ist mir gelungen ihnen darzuthun, wie

wichtig es für sie sei sich Dir anzuschließen und Dich
zu unterstützen. Das Fest in la Magdalena bot uns
günstige Gelegenheit unbemerkt zusammen zu kommen,
ohne die mexikanische Regierung auf uns aufmerksam
zu machen und ihr Besorgniß zu verursachen. Das
einzige Haus in welchem sich eine Anzahl Menschen,
ohne Verdacht zu erwecken, versammeln können ist un-
streitig dasjenige, welches eine Arena für die Hahnenkämpfe hat. Ich habe daher die nicht geringe Zahl
der Unzufriedenen auf heute Morgen hieher bestellt. Es
sind lauter Männer, welche entweder durch ihr Vermögen oder durch ihre Stellung in dem Staate den
wir erheben wollen in großem Ansehen stehen und
bedeutenden Einfluß besitzen. Ich will Dich zu ihnen
führen, sie erwarten Deine Ankunft. Du kannst Ihnen
Deine Absichten auseinandersetzen, und sie werden Dir
dafür sagen, unter welchen Bedingungen sie bereit sind,
sich Dir anzuschließen. Vergiß aber nicht, Bruder, daß
Du es mit Mexikanern zu thun hast und lege auf ihre
Versprechungen und Worte nicht mehr Werth, als sie
es verdienen. Sei überzeugt, daß nur das Gelingen
Dir in ihren Augen Recht verschaffen wird und sie Dich
im Falle des Mißlingens unbedenklich verlassen, ja
vielleicht verrathen werden, wenn sie von einer solchen
Niederträchtigkeit irgend einen Vortheil für sich erwarten.
Wenn Dir die Sache nach dieser Eröffnung nicht mehr
anstehen sollte, so bist Du vollkommen frei Dich zurückzuziehen; ich übernehme es sie abzufertigen, ohne Dich
zu irgend etwas zu verpflichten.“

„Nein," antwortete der Graf entschlossen; „jetzt ist es zu spät und wollte ich noch zurücktreten oder zaudern so würde ich mich einer Feigheit schuldig machen. Jetzt heißt es, Vorwärts, koste es was es wolle. Melde mich unseren neuen Freunden."

„So komm denn."

Sie schritten in dem Gange weiter, bis sie an eine verschlossene Thür kamen.

Valentin schlug zu drei verschiedenen Malen drei Schläge mit dem Griffe seines Machete gegen die Thür.

„Wer da?" fragte eine Stimme von Innen.

„Derjenige, welchen man schon lange erwartet, ohne hoffen zu dürfen daß er kommen werde," antwortete Valentin.

„Er ist Willkommen," erwiederte die Stimme.

Im selben Augenblicke öffnete sich die Thür, und schloß sich, nachdem die beiden Männer eingetreten, sofort hinter ihnen.

Sie befanden sich in einem geräumigen Saale, dessen Wände weiß getüncht waren und dessen Fußboden einfach aus fest gestampfter Erde bestand. Es war kein anderes Geräth vorhanden, als etliche Bänke, auf welchen ohngefähr funfzig Männer saßen und von denen einige die Kleidung der Geistlichen trugen. Die Fenster waren mit Vorhängen von rothem Baumwollenstoff verhangen, die nicht nur das Licht dämpften, sondern auch jedem neugierigen Blicke von Außen wehrten.

Beim Eintritte Valentins und des Grafen, erhoben

sich sämmtliche Anwesende und entblößten ehrerbietig ihr Haupt.

„Caballeros," sagte der Jäger, „versprochener Maßen gebe ich mir die Ehre, Ihnen hier den Grafen de Prébois= Crancé vorzustellen, der sich freundlich bereit erklärt hat, mich zu begleiten, um die Vorschläge anzuhören, die Sie ihm zu machen haben. Alle verneigten sich ehrerbietig vor dem Grafen, welcher ihren Gruß mit der anmuthigen Liebenswürdigkeit erwiederte, die ihm eigen war.

Ein Mann von mittleren Jahren, mit klugem verständigem Gesichte, der die glänzende Kleidung der reichen Hacienderos trug, trat jetzt vor und wendete sich mit folgenden Worten zu dem Jäger:

„Verzeihung, mein Herr," sagte er mit einem leichten Anfluge von Spott, „Sie haben eben, wie ich glaube, einen kleinen Irrthum begangen."

„Ich bitte Euch, Senor Don Anastasio Euch näher zu erklären," antwortete der Jäger. „Ich verstehe nicht was Ihr mir die Ehre erweist da zu sagen."

„Sie haben gesagt, mein Herr, daß der Herr Graf uns die Ehre erweise zu kommen, um die Vorschläge zu hören, welche wir ihm zu machen haben."

„Ja wohl, mein Herr."

„Darin liegt eben der Irrthum."

„Wie so, Senor Don Anastasio?"

„Mir scheint, daß nicht wir dem Herrn Grafen Vorschläge zu machen haben, sondern vielmehr die seinigen anhören wollen."

Ein beifälliges Gemurmel durchlief die Reihen der Anwesenden. Don Louis begriff daß es Zeit sei einzuschreiten.

„Meine Herren," sagte er, indem er die Hacienderos freundlich grüßte; „gestatten Sie mir, mich offen gegen Sie auszusprechen. Ich lebe der Ueberzeugung daß, wenn das geschehen sein wird, jedes Mißverständniß aufhören und die vollkommenste Uebereinstimmung zwischen uns stattfinden wird."

„Redet; redet Herr Graf," sagten sie.

„Meine Herren," fuhr er fort; „ich enthalte mich auf Einzelheiten einzugehen, welche mich nur persönlich betreffen. Es ist überflüssig hier anzuführen wie und warum ich nach Guaymas gekommen bin, ebenso wenig spreche ich von der Art und Weise wie die mexikanische Regierung, nachdem sie alle mir gegebenen Versprechungen mißachtet, mich schließlich für einen Feind des Vaterlandes und in die Acht erklärt, ja die Unverschämtheit so weit getrieben hat, mich einen Banditen zu schimpfen und einen Preis auf meinen Kopf zu stellen, als ob ich ein gemeiner Verbrecher wäre. Jedes Wort was ich darüber verlieren wollte, wäre eine unnöthige Prüfung Ihrer Geduld, da Sie doch sämmtlich von dem Vorgefallenen unterrichtet sind."

„Ja, Herr Graf," unterbrach ihn der Haciendero, der bereits früher gesprochen hatte; „die Thatsachen auf welche Sie hindeuten sind uns allerdings bekannt; wir bedauern sie und erröthen darüber im Namen unseres Vaterlandes."

„Ich danke Ihnen, meine Herren, für diesen
Beweis der Theilnahme; er ist mir um so trost=
reicher, als ich daraus ersehe, daß Sie mich nicht ver=
kennen. Jetzt will ich ohne weitere Umschweife zur
Sache kommen."

„Hört, hört!" murmelten die Anwesenden.

Der Graf wartete einige Augenblicke, und als die
frühere Ruhe wieder eingetreten war, fuhr er fort:

„Meine Herren, Sonora ist das fruchtbarste und
reichste Land, nicht nur von Mexiko, sondern von der
ganzen Welt. Die Lage desselben im Mittelpunkte der
Bundesstaaten, von welchen es durch hohe Berge und
unermeßliche Despoplados getrennt ist, macht Sonora
zu einem Staate für sich, der in nächster Zukunft be=
rufen ist, sich von den übrigen Bundesstaaten Mexikos
loszusagen. Sonora ist sich selbst genug und bezieht
nichts aus den übrigen Staaten. Dieselben ernähren
und bereichern sich im Gegentheil an seinen Produkten.
Vermöge des Druckes aber unter welchem Sonora
schmachtet, ist das Land im eigentlichsten Sinne des
Wortes nur eine große Wildniß. Der größte Theil der
Ländereien ist unbebaut, denn die mexikanische Regierung
versteht zwar sehr gut das Land auszubeuten, sich die
Produkte des Bodens und das Gold und Silber der
Minen anzueignen, ist aber unfähig das Land gegen
die in der Nähe befindlichen Feinde zu schützen. In
Folge dessen wagen die Indios bravos alljährlich die
frechsten Ueberfälle, und drohen immer verwegener zu
werden, wenn nicht der Sache rasch abgeholfen und

das Uebel mit der Wurzel ausgerottet wird. Ich habe im Anfang meiner Rede gesagt, daß Sonora in nächster Zukunft von dem mexikanischen Staatenbunde losgerissen werden wird. Ich erkläre mich näher: Unfehlbar kann es auf zwei verschiedene Weisen geschehen; in Hinsicht nämlich auf das Wohl der Einwohner. Sonora ist durch weit mächtigere Feinde bedroht als die Indianer. Das sind nämlich die Nordamerikaner, jene ewigen Juden der Civilisation. Schon könnt Ihr, meine Herren, ihre Axtschläge vernehmen vermittelst welcher sie die letzten Wälder niederschlagen, welche sie von Euch trennen. Bald werden sie hier eindringen und sich des Landes bemächtigen ohne daß Ihr den frechen Eroberern den geringsten Widerstand leisten könnt, wenn Ihr nicht zu rechter Zeit einschreitet. Von der Regierung habt Ihr keine Unterstützung zu hoffen, denn das Land ist durch die zweck= und ziellosen Kämpfe zerrissen, welche die ehrgeizigen Cabecillos sich unter einander liefern, die sich fortwährend um die Herrschaft streiten."

„Ja, ja," riefen mehrere; „das ist wahr der Graf hat recht."

„Der Ueberfall, der Euch bedroht steht nahe bevor; ist unvermeidlich und es fragt sich, meine Herren, was Sie dann beginnen wollen? Es wird geschehen, was überall geschehen ist, wo es den Nordamerikanern gelang sich festzusetzen: Sie werden unter dem Einflusse der Fremdlinge untergehen, Ihre Sprache, Ihre Sitten, ja selbst Ihre Religion, Alles wird in diesem großen Strome untergehen. Seht wie es Texas ergangen und zittert bei dem Gedanken wie es Euch ergehen wird!"

Ein Beben des Zornes durchlief die Reihen der Anwesenden bei diesen Worten, deren Richtigkeit ein Jeder im Stillen erkannte.

Der Graf fuhr fort:

„Es giebt ein Mittel jenes schreckliche Unglück ab= zuwenden, es liegt in Eurer Hand und hängt nur von Euch ab."

„Redet, redet!" rief man von allen Seiten.

„Erklärt offen, unumwunden und mit Entschlof= senheit Eure Unabhängigkeit. Trennt Euch energisch von Mexiko, bildet einen Bund von Sonora und zieht die französischen Auswanderer in Californien an Euch. Man wird Eurem Aufruf ein williges Gehör leihen und Euch behülflich sein Eure Unabhängigkeit nicht nur zu erkämpfen sondern dieselbe auch gegen alle in= neren und äußeren Feinde zu behaupten. Die Fran= zosen die Ihr herbeiruft, werden Eure Brüder werden. Sie haben dieselbe Religion, fast dieselben Sitten wie Ihr, kurz Ihr gehört zu derselben Race. Ihr werdet Euch leicht verständigen, und die neuen Brüder werden den nordamerikanischen Uebergriffen einen unübersteig= lichen Wall entgegenstellen, Eure Grenzen vor den In= dianern beschützen, und die Mexikaner zwingen Euch das Recht der Freiheit zuzugestehen daß Ihr proclamirt habt."

„Aber," wandte einer der Anwesenden ein, „was werden die Franzosen fordern wenn wir sie herbeirufen?"

„Das Recht die unbebauten Ländereien zu kulti=
viren," antwortete der Graf entschlossen, „das Recht den
Fortschritt, die Künste und Industrie bei Euch einzu=
führen, mit einem Worte Eure Einöden zu bevölkern,
Eure Städte zu bereichern und Euer Land zu civilisiren.
Das sind die Forderungen der Franzosen; ist es zu viel?"

„Nein, das ist sicherlich nicht zu viel," sagte Don
Anastasio und ein beifälliges Gemurmel der Versamm=
lung begleitete seine Worte.

„Aber," wandte ein Zweiter ein; „wer steht uns
dafür, daß die neuen Colonisten, welche wir herbei=
rufen ihrem Versprechen treu bleiben werden, wenn die
Stunde der Abrechnung gekommen ist und nicht ihre
Zahl und ihr Ansehen dazu benutzen werden, um uns
Gesetze zu dictiren?"

„Ich! Caballeros, ich werde in ihrem Namen mit
Euch unterhandeln und die Verantwortlichkeit des Ganzen
auf mich nehmen."

„Ja, die Aussicht welche Ihr uns bietet ist ver=
lockend Caballero," antwortete Don Anastasio im Na=
men Aller. „Wir erkennen die Richtigkeit der von Ih=
nen aufgestellten Behauptungen an; wir wissen nur zu
gut wie bedenklich unsere Lage ist und wie große Ge=
fahren uns bedrohen. Aber gegenwärtig hält uns ein
Bedenken zurück. Sind wir berechtigt unser unglück=
liches Vaterland, das bereits halb zu Grunde gerichtet
ist, in die Gräuel eines Bürgerkrieges zu verwickeln,
da das unglückliche Land doch keineswegs darauf vor=
bereitet ist, energischen Widerstand zu leisten? Die mexi=

kanische Regierung ist zum Guten schwach, zum Bösen aber stark. Dieselbe wird Mittel aufzufinden wissen uns zu unterdrücken wenn wir uns erheben. Der General Guerrero ist ein erfahrener Officier und ein kalter grausamer Mensch, der vor keiner noch so harten Maßregel zurückbeben wird, um den Befreiungsversuch in einem Blutbade zu ersticken. Ist es ihm doch in wenigen Tagen gelungen eine gewaltige Armee zusammen zu bringen um gegen Euch zu Felde zu ziehen. In dem bevorstehenden Kampfe wird Jeder Eurer Soldaten mit zehn Gegnern zu kämpfen haben. So tapfer die Franzosen auch sein mögen ist es unmöglich, daß sie einer solchen Macht Stand halten können. Eine verlorne Schlacht entscheidet Alles für Euch, jeder Widerstand mit bewaffneter Hand wird dann unmöglich und Ihr zieht uns, die wir Euch beigestanden haben, mit in's Verderben, was für uns um so bedenklicher, ist als unsre Lage eine andre ist als die Eurige. Wir sind Landeskinder, unser Vermögen und unsre Familie befindet sich hier, wir haben mithin Alles zu verlieren. Wenn Ihr hingegen geschlagen werdet und Euer Unternehmen scheitert so bleibt Euch ein Rettungsmittel, was uns unmöglich ist, nämlich die Flucht. Jene Bedenken sind ernster Art und wohl geeignet uns zur größten Vorsicht zu ermahnen und uns zu verpflichten uns reiflich zu bedenken, ehe wir uns entschließen das verhaßte Joch Mexikos abzuschütteln. Glaubt nicht Caballero daß wir aus Furcht oder Schwachheit also reden; nein es geschieht nur aus der Furcht zu scheitern und

dabei die letzten Freiheiten einzubüßen, welche man aus
Klugheit bisher nicht gewagt uns zu entziehen, wozu
man vielleicht auf den ersten besten Vorwand wartet."

„Meine Herren," antwortete der Graf, „ich weiß
die Gründe welche Sie mir anführen nach Verdienst
zu würdigen; erlaube mir aber Ihnen zu bemerken,
daß, wie triftig Ihre Bedenken auch sein mögen, es
nicht der Zweck unsres Hierseins ist darüber zu rechten.
Wir sind zusammen gekommen um zwischen mir und
Ihnen ein Offensiv- und Defensiv-Bündniß zu schließen,
nicht wahr?"

„Allerdings!" riefen mehre der Anwesenden, welche
sich durch die plötzlich veränderte Miene des Grafen bewogen fanden schneller zu reden als sie eigentlich wollten.

„Nun," fuhr der Graf fort; „so wollen wir doch
vermeiden uns zu benehmen wie jene Kaufleute, welche
sich gegenseitig die Vorzüglichkeit ihrer Waaren anpreisen.
Gehen wir gerade auf das Ziel zu und reden wir offen
und ehrlich mit einander wie es rechtschaffenen Leuten
ziemt. Sagt mir ohne Umschweife unter welchen Bedingungen Ihr bereit seid Euch mit mir zu verbinden
und mir Beistand zu leisten und auf wie viel Mann
ich vorkommenden Falles rechnen kann."

„Das heiße ich reden, Senor Graf," versetzte
Don Anastasio. „Wohlan wir werden auf eine so offene
Frage offen antworten. Gott behüte uns, an dem
Muthe und den strategischen Kenntnissen Ihrer Soldaten
zweifeln zu wollen. Es ist uns bekannt, daß die Fran-
zosen tapfer sind. Ihre Truppe ist aber nicht zahlreich,

kann sich bis jetzt auf nichts stützen und keines anderen
Besißthumes rühmen, als des Raumes, auf welchem
das Lager aufgeschlagen ist. Legen Sie einen festen
Grund für ein ferneres Vorschreiten, bemächtigen Sie
sich z. B. einer der drei Hauptstädte von Sonora,
dann sind Sie nicht mehr Abenteurer sondern wirkliche
Soldaten und wir werden kein Bedenken mehr tragen
in Unterhandlung mit Ihnen zu treten, weil das Un=
ternehmen dann Gestalt gewonnen, mit einem Worte zu
ernster Bedeutung gekommen sein wird."

„Gut, meine Herren, ich verstehe," antwortete
der Graf kalt, „und für den Fall daß es mir gelänge
eine der Städte einzunehmen werde ich auf Sie rechnen
können?"

„Dann gehören wir Ihnen mit Leib und Seele!"

„Und wie viel Mann stellen Sie zu meiner Ver=
fügung?"

„Binnen vier Tagen sechstausend, binnen einer
Woche ganz Sonora.

„Versprechen Sie mir das?"

„Wir schwören es!" riefen Alle begeistert aus. Jene
Begeisterung war aber nicht im Stande ein Lächeln
auf die Züge des Grafen zu locken.

„Meine Herren," sagte er, „ich biete Ihnen nach
vierzehn Tagen eine Zusammenkunft in einer der drei
Hauptstädte Sonoras an. Kommen Sie Alle, ich werde
dann meine Verpflichtungen erfüllt haben und erwarte
von Ihnen, daß Sie ein Gleiches thun."

Bei diesen großherzigen Worten konnten sich die

Mexikaner nicht enthalten ihre Bewunderung an den Tag zu legen.

Obwohl der Graf nicht mehr jung war, konnte man ihn doch noch schön nennen und er besaß den Zauber, der im Stande ist neue Reiche zu schaffen.

Jedes seiner Worte machte Eindruck.

Die Anwesenden kamen nach der Reihe zu ihm, drückten ihm die Hand und gaben ihm persönlich die Versicherung ihrer Ergebenheit, worauf sie sich entfernten.

Der Graf und Valentin blieben allein.

„Bist Du zufrieden, Bruder?" fragte der Jäger.

„Wem wird es je gelingen dieses Volk zu elektri-siren?" murmelte der Graf indem er traurig den Kopf schüttelte und vielmehr seine eigenen Gedanken als die an ihn gerichtete Frage beantwortete.

Die Männer gingen um ihre Zarapés umzu-werfen, sie fanden ihre Begleitung an der Stelle wo sie dieselbe verlassen hatten und durchritten im langsamen Schritte die Menge welche sie im Vorüberkommen mit dem Rufe: Vivan los Franceses! begrüßten.

„Sollte ich einstmals erschossen werden," ant-worte der Graf bitter, „so brauchen sie nur ein Wort abzuändern."

Valentin seufzte antwortete aber nicht.

III.

Der Pater Seraphin.

Dona Angela war eben aus dem Schlaf erwacht; ein vorwitziger Sonnenstrahl stahl sich auf ihr Gesicht und weckte sie.

Sie ruhte halb liegend in ihrer Hängematte, während sie den Kopf mit ihrem rechten Arme stützte, und betrachtete nachdenklich den Pantoffel von Schwanenleder, der sich an der Spitze ihres zierlichen Fußes wiegte, welchen sie nachlässig hin und her bewegte.

Violanta ihre Zofe, saß zu ihren Füßen auf einem Equipal und war beschäftigt mehre Gegenstände zu ordnen deren ihre Herrin beim Ankleiden bedurfte.

Endlich schüttelte Dona Angela ihre Trägheit ab und ein Lächeln flog über ihre rosigen Lippen.

„Heute!" murmelte sie mit einer selbstgefälligen Kopfbewegung.

Das einzige Wort war der Inbegriff der Gedanken des jungen Mädchens, ihr Glück, ihre Liebe, ihre Freude, ihr ganzes Leben war darin enthalten.

Sie verfiel von neuem in ihre Träumereien und duldete fast unbewußt die zarten und eifrigen Dienstleistungen ihrer Zofe.

Plötzlich ließen sich Tritte von außen vernehmen und Dona Angela blickte hastig auf.

„Es kommt Jemand," sagte sie.

Violanta ging hinaus, kehrte aber sogleich wieder.

„Nun?"

„Don Cornelio bittet um die Erlaubniß zwei Worte mit der Senorita zu sprechen," antwortete die Zofe.

Das junge Mädchen runzelte die Brauen und sah gelangweilt aus.

„Was will er denn schon wieder?" fragte sie.

„Ich weiß nicht."

„Der Mann ist mir besonders unangenehm."

„Ich will ihm sagen, daß Sie ihn nicht annehmen können."

„Nein," erwiederte sie rasch, „laß ihn eintreten."

„Warum, wenn er Ihnen unangenehm ist?"

„Ich will ihn lieber sehen obgleich ich eine unerklärliche Furcht vor ihm habe."

Die Zofe erröthete, wandte den Kopf ab, faßte sich aber gleich und sagte:

„Er ist aber Ihnen und Don Louis sehr treu ergeben."

„Glaubst Du?" erwiederte sie, dem Mädchen einen durchdringenden Blick zuwerfend.

„Ich vermuthe es, weil er sich bisher ganz ehrlich benommen hat."

„Ja," murmelte sie nachdenklich, „trotzdem flüstert mir eine innere Stimme zu, daß mich der Mann haßt. Sein Anblick flößt mir unwillkürlichen Widerwillen ein. Ich kann das sonderbare unerklärliche Gefühl nicht begreifen, denn obgleich Alles dagegen zu sprechen scheint, liegt doch Etwas in seinem Blicke, was mir einen unüberwindlichen Schrecken einflößt. Das einzige was

ein Mensch nicht vor mir verbergen kann, ist der Aus=
druck seines Blickes, denn darin spricht sich die Seele
aus und Gott hat es so angeordnet, damit wir unsere
Feinde erkennen und uns vor ihnen hüten können. Er
wird aber ungeduldig werden, laß ihn eintreten."

Violanta beeilte sich, dem Befehle ihrer Herrin
Folge zu leisten. Don Cornelio trat mit lächelnder
Miene ein.

„Senorita," sagte er mit einer Verbeugung, welche
das junge Mädchen erwiederte, ohne ihre Hängematte
zu verlassen, „Verzeihung wenn ich es wage Ihre Ein=
samkeit zu stören. Ein würdiger Priester, ein französi=
scher Missionair, bittet um die Vergünstigung sich einige
Augenblicke mit Ihnen zu unterhalten."

„Wie heißt der Missionair, Senor Don Cornelio?"

„Es ist wie ich glaube der Pater Seraphin,
Senorita."

„Warum wendet er sich nicht an Don Louis?"

„Das war er anfangs willens zu thun."

„Nun?"

„Aber," fuhr Don Cornelio fort, „Don Louis
hat das Lager bereits vor Tagesanbruch verlassen, Don
Valentin hat ihn begleitet und Beide sind, obwohl es
beinahe Mittag ist, noch nicht zurückgekehrt."

„So, wohin hat sich denn Don Louis gewendet;
wohin ist er denn so zeitig gegangen?"

„Das weiß ich nicht zu sagen, ich habe nur ge=
sehen, daß sie die Richtung nach la Magdalena ein=
schlugen."

„Sollte etwas Neues vorgefallen sein?"

„Nicht, das ich wüßte, Senorita."

Es enstand eine Pause, Dona Angela war nachdenklich geworden. Endlich fuhr sie fort:

„Können Sie sich nicht vorstellen, Don Cornelio,
was jener Missionair begehrt?"

„Keineswegs Senorita."

„Bitten Sie ihn einzutreten, es soll mich freuen
ihn zu sehen und mit ihm zu sprechen."

Violanta öffnete, ohne Don Cornelio Zeit zu
einer Antwort zu lassen, den Thürvorhang des Zeltes
und sagte:

„Treten Sie ein, mein Vater."

Der Missionair erschien.

Dona Angela begrüßte ihn ehrerbietig und bot
ihm einen Sessel an.

„Sie wünschen mit mir zu sprechen, mein Vater?"
sagte sie.

„Ja, Fräulein," antwortete er mit einer Verbeugung.

„Ich bin bereit Sie anzuhören."

Der Missionair blickte sich um, was Don Cornelio
und die Zofe für einen Wink hielten sich zu entfernen.

„Darf das, was Sie mir zu sagen haben, nicht
von dem jungen Mädchen gehört werden, das mir treu
ergeben ist?"

„Es soll mich Gott bewahren, Fräulein, zu versuchen Ihr Vertrauen zu jenem Kinde zu erschüttern,
doch erlaube ich mir Ihnen einen Rath zu geben."

„Ich höre.“

„Es ist mitunter gefährlich Untergeordnete in sein engstes Vertrauen zu ziehen.“

„Das kann im Grunde wahr sein, mein Vater und ich will es nicht bestreiten; wollen Sie mir gefälligst den Zweck Ihres Besuches erklären?“

„Ich bedaure tief, mein Fräulein, Sie verletzt zu haben, verzeihen Sie mir die Bemerkung, welche Ihnen unberechtigt erscheint und gebe Gott daß ich mich getäuscht haben möge.“

„Nein, mein Vater, Ihre Bemerkung ist mir keineswegs unberechtigt erschienen, ich bin nur ein verzogenes Kind und es ist an mir mich bei Ihnen zu entschuldigen.“

In dem Augenblick ertönte Hufschlag im Lager.

Die Zofe öffnete den Vorhang.

„Don Louis kommt an,“ sagte sie.

„Er komme, komme augenblicklich!“ rief Dona Angela aus.

Der Missionair folgte ihr mit einem Blicke der innigsten Theilnahme.

Einige Augenblicke später traten Don Louis und Valentin in den Jacal.

Der Jäger trat zu dem Missionair und drückte ihm herzlich die Hand.

„Kommen Sie im Auftrage des Generals, mein Vater?“ fragte der Graf eifrig.

„Nein, Herr Graf,“ antwortete er, „der General

weiß nicht, daß ich hier bin, hätte er es gewußt, so
würde er sich meiner Absicht wahrscheinlich widersetzt haben."

„Was wollen Sie damit sagen? Reden Sie, um
Gottes willen."

„Ich werde leider genöthigt sein, Ihre Unruhe
und Sorge noch zu erhöhen. Der General Guerrero
hat niemals die Absicht gehabt, Ihnen die Hand seiner
Tochter zuzusagen. Mein Amt hindert mich, Ihnen zu
hinterbringen, was ich gesehen und gehört habe. Ich
bin aber Franzose, mein Herr, und Ihr Landsmann,
und halte es daher für meine Pflicht, Ihnen zu eröffnen,
daß der Verrath Sie von allen Seiten umgiebt. Der
General sucht Sie durch täuschende Versprechungen sicher
zu machen damit er Sie überfallen und verderben könne."

Don Louis senkte den Kopf auf die Brust.

„In welcher Absicht sind Sie denn hergekommen,
mein Herr?" fragte er nach einer Pause.

„Das will ich Ihnen sagen. Der General sucht
Ihnen seine Tochter wieder zu entführen und zu dem
Zwecke sind ihm alle Mittel recht. Erlauben Sie mir
Ihnen zu bemerken, daß unter den gegenwärtigen Um=
ständen die Gegenwart des Fräuleins Ihre Lage nicht
nur gefährlicher macht, sondern auch den Ruf desselben
unwiederbringlich vernichtet."

„Mein Herr!" rief der Graf aus.

„Geruhen Sie mich ausreden zu lassen," fuhr der
Missionair kaltblütig fort. „Ich ziehe hier weder die
Ehre des Fräuleins noch die Ihrige in Zweifel. Sie
werden sich aber doch gewiß nicht beikommen lassen

Ihre Feinde zum Schweigen zwingen zu wollen und
die Fluth von Schmähungen aufzuhalten, welche man
über Sie Beide ergießt. Ihr Benehmen ist leider ge=
eignet den bösen Zungen scheinbar Recht zu geben."

„Was ist zu thun? Welchen Weg sollen wir ein=
schlagen?"

„Es giebt ein Mittel Ihnen zu helfen."

„Reden Sie, mein Vater."

„Ich schlage Ihnen folgendes vor: Sie denken das
Fräulein zu heirathen?"

„Gewiß, es ist wie Sie wissen mein sehnlichster
Wunsch."

„Lassen Sie mich ausreden. Die Trauung darf
nicht hier stattfinden. Eine solche Handlung soll nicht
in der Mitte eines Lagers von Abenteurern, im Stillen
und fast ohne Zeugen vollzogen werden, das wäre
leichtsinnig."

„Aber . . ."

„Nur wenn die Trauung in einer Stadt, am
hellen Tage, vor den Augen des versammelten Volkes
beim Geläute aller Glocken stattfindet, werden die Leute
überzeugt sein, daß sie gesetzmäßig vollzogen wurde."

„Ja," bemerkte Valentin, „Pater Seraphin hat
Recht. Dann heirathet Dona Angela auch keinen elenden
Räuber mehr sondern einen Eroberer der seine Be=
dingungen stellen darf. Sie wird nicht die Frau eines
Abenteurers sondern die Gefährtin des Befreiers von
Sonora, und diejenigen welche ihn heute tadeln, werden
die ersten sein ihm zu huldigen."

„Ja ja, das ist wahr," rief das junge Mädchen mit Wärme aus, ich danke Ihnen, daß Sie gekommen sind, mein Vater ich erkenne deutlich meine Pflicht und werde sie erfüllen. Wer wird es wagen den Ruf derjenigen anzufechten die den Retter ihres Vaterlandes geheirathet hat."

„Aber," fuhr der Graf fort, „dieses Mittel ist nur ein Palliatif Die Trauung kann noch nicht stattfinden und es vergehen vielleicht vierzehn Tage oder ein Monat darüber, ehe ich mich einer Stadt bemächtigt habe. Dona Angela wird inzwischen genöthigt sein, wie bisher in meinem Lager zu bleiben."

„Aller Augen hefteten sich voll Spannung auf den Missionair.

„Nein," sagte er, „wenn mir das Fräulein erlauben will, Ihr ein Obdach anzubieten."

„Ein Obdach?" sagte sie mit fragendem Blick.

„Ein sehr niedriges und armes Dach, das Ihrer sicherlich nicht würdig ist," fuhr er fort, „doch werden sie dort wenigstens in Sicherheit sein. Sie können im Kreise einer ehrenhaften und guten Familie leben, die es sich zur Ehre schätzen wird Sie bei sich zu sehen."

„Ist der Zufluchtsort welchen Sie mir bieten mein Vater, sehr weit entfernt von hier?" fragte das junge Mädchen lebhaft.

„Kaum fünfundzwanzig Meilen, und er liegt an der Straße, welche die französischen Truppen ziehen müssen um in das Innere Sonoras zu bringen."

Dona Angela lächelte schelmisch, als sie sah daß sie der gute Priester so richtig verstanden hatte.

„Hören Sie, mein Vater," sagte sie mit der Entschlossenheit die ein Grundzug Ihres Charakters war; „Ihr Ruf ist schon lange zu mir gedrungen, ich weiß daß Sie ein frommer Mann sind, und selbst wenn das nicht der Fall wäre, so würde die Freundschaft und Achtung, welche Don Valentin für Sie an den Tag legt mir eine hinreichende Gewährleistung sein. Ich vertraue mich Ihnen an, denn ich sehe selbst ein wie unpassend für jetzt meine Gegenwart im Lager ist. Verfügen Sie über mich, ich bin bereit Ihnen zu folgen."

„Mein Kind," antwortete der Missionair mit liebenswürdiger Salbung, „Gott selbst giebt Ihnen diesen Entschluß ein. Der Schmerz welcher Ihnen die kurze Trennung bereiten wird, kann nur dazu beitragen das Glück eines Bundes zu erhöhen, welchem sich Niemand mehr zu widersetzen wagen wird. Sie stellen sich dadurch nicht nur in der öffentlichen Meinung wieder her, welche stets unserer Berücksichtigung werth ist, sondern verleihen Ihrem Namen einen Glanz, den man vergebens bemüht sein wird zu vernichten."

„Gehen Sie, da es sein muß Dona Angela," sagte der Graf. „Ich übergebe Sie der Obhut des guten Priesters, schwöre aber bei Gott, daß unsere Trennung kaum vierzehn Tage dauern soll."

„Ich nehme Sie beim Worte, Don Louis; diese Aussicht wird dazu beitragen mir die Schmerzen der Trennung zu versüßen."

„Wann denken Sie abzureisen?" fragte Valentin.

„Sofort!" rief das junge Mädchen aus; „sowohl der Schmerz als die Freude sollen nicht verschoben werden. Da die Trennung unvermeidlich ist, so wollen wir ein schnelles Ende machen."

„Gut gesprochen," sagte Valentin. „Ich komme bei Gott auf das zurück was ich früher sagte, Dona Angela, daß Sie nicht nur ein starkes, sondern ein edles und großherziges Mädchen sind. Ich liebe Sie wahrhaftig wie eine Schwester."

Dona Angela konnte sich nicht enthalten über die Begeisterung des Jägers zu lächeln.

Letzterer fuhr fort:

„Teufel! Wir haben ja nicht bedacht, daß Sie eine Bedeckung haben müssen . . ."

„Wozu?" fragte der Priester ruhig.

„Sie sind wahrhaftig unbezahlbar, müssen wir sie nicht gegen die Marodeurs der feindlichen Armee beschützen?"

„Lieber Freund, die Achtung Aller wird uns stets und überall besser schützen als die stärkste Bedeckung, welche uns obendrein vielleicht Verlegenheiten bereiten dürfte."

„Für Ihre Person haben Sie Recht, mein Vater; bedenken Sie aber, daß Sie mit zwei Frauen reisen, die man unter allen Umständen sofort wieder erkennen wird."

„Das ist wahr," sagte er unbefangen, „daran hatte ich nicht gedacht."

„Was ist da zu thun?"

Dona Angela fing an zu lachen:

„Da sind Sie ja wegen einer Kleinigkeit in einer argen Klemme meine Herren: Der ehrwürdige Vater hat ja eben selbst gesagt daß sein priesterliches Kleid der beste Schutz sein wird, der überall geachtet ist."

„Das ist wahr," bestätigte der Missionair.

„Nun, das ist doch sehr einfach. Kann ich und meine Zofe nicht ein Novizenkleid anlegen, unter welchem wir so gut verborgen sein werden, daß uns Niemand erkennen kann?"

Pater Seraphin schien sich eine Zeit lang zu bedenken.

„Ich wüßte nichts Erhebliches dagegen einzuwenden," sagte er endlich; „bei dieser Gelegenheit wäre es zu entschuldigen, weil es zu einem guten Zwecke geschieht."

„Wo finden wir aber die nothwendige Kleidung?" wandte der Graf halb ernst, halb lachend ein; ich muß bekennen, daß in meinem Lager dergleichen nicht vorräthig ist."

„Das werde ich besorgen," sagte Valentin. „Ich schicke einen zuverlässigen Mann nach la Magdalena, der in höchstens einer Stunde wieder da sein wird. Während der Zeit kann Dona Angela die Vorbereitungen zu ihrer Abreise treffen."

Niemand hatte etwas einzuwenden und die Männer ließen das junge Mädchen allein.

Nach Verlauf von kaum einer Stunde stiegen Dona Angela und Violanta, in die Mönchskleidung gehüllt, welche Don Cornelio im Pueblo gekauft hatte, und das Gesicht unter breitkrämpigen Hüten verborgen, auf ihre Pferde, nachdem sie einen herzlichen Abschied von ihren Freunden genommen und verließen das Lager in Begleitung des Pater Seraphin.

Violanta und Don Cornelio wechselten bei der Trennung einen Blick, der Don Louis und Valentin sehr aufgefallen sein würde, wenn sie ihn bemerkt hätten.

„Ich bin nicht ohne Sorge," murmelte Don Louis und schüttelte traurig den Kopf. „Ein Priester ist bei gegenwärtiger Zeit ein sehr schwacher Schutz."

„Beruhige Dich," antwortete Valentin, dem habe ich vorgesorgt."

„Du denkst immer an Alles Bruder."

„Ist es nicht meine Pflicht? Jetzt müssen wir an uns denken. Die Nacht wird bald hereinbrechen, wir müssen die nöthigen Maßregeln treffen um nicht über= fallen zu werden."

„Du weißt, daß ich außer den wenigen Worten, die mir Curumilla gesagt hat, noch nichts Näheres über die Sache weiß."

„Es würde zu weit führen jetzt näher darauf ein= zugehen, Bruder, denn wir haben kaum die nöthige Zeit um zu handeln."

„Hast Du einen bestimmten Plan?"

„Gewiß und wenn er gelingt so kann ich Dir versichern, daß sich die Leute die uns überfallen wollen stark wundern werden."

„Nun, ich verlasse mich um so lieber auf Dich,

4 *

als wir uns bereits lange genug in la Magdalena aufhalten und ich meinen Marsch zu beschleunigen wünsche."

„Gut. Willst Du funfzig Abenteurer zu meiner
Verfügung stellen?"

„Nimm deren so viel wie Du willst."

„Ich brauche nicht mehr als funfzig entschlossene
und mit der Kriegsführung in der Wildniß vertraute
Männer. Ich werde mich deshalb an den Capitain
Laville wenden und ihm auftragen mir unter den Leuten,
die er von Guetzalli mit hergebracht hat funfzig der
erfahrensten und zuverlässigsten Leute auszuwählen."

„Thue das, mein Freund; ich werde unterdessen
das Lager bewachen und die Patrouillen verdoppeln."

„Das ist eine Maßregel die wenigstens nicht schaden
kann. Lebe jetzt wohl bis auf morgen."

„Lebe wohl."

Sie trennten sich.

Don Louis kehrte in sein Zelt zurück.

In dem Augenblick, wo sich Valentin dem Jacal
des Capitains de Laville näherte, erblickte er Don Cornelio, der mit scheinbar sorgloser Miene das Lager verließ. Er folgte ihm unwillkürlich mit den Augen. Nach
einer Weile verschwand er hinter etlichen Bäumen, dann
sah er ihn plötzlich wieder herauskommen, aber dieses
Mal zu Pferde und er jagte mit verhängtem Zügel in
der Richtung des Pueblo davon.

„Oho!" murmelte Valentin nachdenklich, „was
kann denn Don Cornelio so Eiliges in la Magdalena
zu thun haben? Ich werde ihn fragen."

Hierauf trat er in den Jacal, wo er den Capitain antraf und sofort anfing mit demselben den Plan zu besprechen, den er entworfen hatte, um den beabsichtigten Ueberfall der Mexikaner zu vereiteln. Da uns derselbe später vorgeführt werden soll gehen wir nicht näher darauf ein, sondern wollen vielmehr zum Pater Seraphin und Dona Angela zurückkehren.

V.

La Quebrada del Coyote.

Die Natur nimmt in Amerika, ganz besonders des Abends ohngefähr zwei Stunden vor Sonnenuntergang einen großartigen Charakter an.

Die Bäume scheinen sich in der ersten Dämmerung der Nacht zu riesenhafter Größe auszudehnen, die belebte Stille der Einöde erscheint geheimnißvoller, und der Mensch empfindet unwillkürlich ein Gefühl ehrerbietiger Scheu die sein Herz beklemmt und ihn mit bangen Ahnungen erfüllt.

Die Fluthen des Stromes murmeln dumpf, die Nachtvögel durcheilen schwerfällig die Luft mit unheimlichem Geschwirr, und die Raubthiere, die in ihren verborgenen Höhlen erwachen, begrüßen die Dunkelheit mit freudigem Geheul, denn während der Nacht sind sie die unumschränkten Fürsten der Wildniß, da die wirksamste Waffe des Menschen, sein Blick, ihm benommen ist.

Pater Seraphin ritt mit den jungen Mädchen am Abhange eines hohen Berges hin, dessen bewaldete Seitenwände sich in die düsteren Tiefen der Barancas verloren. Die Reisenden hatten, seitdem sie das Lager verlassen noch nicht Halt gemacht.

Sie verfolgten in dem Augenblicke einen schmalen Pfad, den die Maulthiere gebahnt hatten und der in tausend Windungen am Abhange des Berges hinlief. Der Pfad war so schmal, daß zwei Pferde nur mit Mühe neben einander schreiten konnten; die Pferde traten aber so sicher auf, daß sie ihren Weg ohne zu zaudern oder zu straucheln fortsetzten und ungefährdet da vorüber schritten, wo sich kein anderes Thier hingewagt haben würde.

Der Mond war noch nicht aufgegangen, am umwölkten Himmel ließ sich kein Stern blicken, dichte Finsterniß herrschte überall, was unter gegenwärtigen Umständen für die Reisenden fast ein Glück war, denn wenn sie hätten sehen können, wie sie in beträchtlicher Höhe gewissermaßen in der Luft schwebten, wäre ihnen der Muth vielleicht vergangen und sie hätten sich unwillkürlich von Schwindel ergriffen gefühlt.

Pater Seraphin und Dona Angela ritten, wie schon gesagt neben einander; Violanta folgte ihnen auf wenige Schritt Entfernung.

„Mein Vater," sagte das junge Mädchen, „wir reiten bereits seit sechs Stunden und ich fange an müde zu werden. Werden wir nicht bald anhalten?"

„Ja, mein Kind, in ohngefähr einer Stunde; wir werden sehr bald diesen Pfad verlassen, um eine Schlucht zu betreten, welche la Quebrada del Coyote heißt. Haben wir diese Schlucht durchmessen, so werden wir in einem bescheidenen Hause übernachten, welches kaum zwei Stunden entfernt davon ist."

„Wir werden die Schlucht del Coyote durchwandern, mein Vater, wir sind also auf der Straße nach Hermosillo?"

„Allerdings, mein Kind."

„Ist es nicht unvorsichtig eine Straße einzuschlagen, welche durch die Truppen meines Vaters besetzt ist?"

„Mein Kind," erwiederte der Missionair sanft, „ein kluger Mann muß häufig viel wagen, um desto größere Sicherheit zu erlangen; wir sind nicht allein auf der Straße nach Hermosillo, sondern jene Stadt ist sogar das Ziel unserer Reise."

„Wie? Hermosillo!"

„Ja, mein Kind. Es ist, meiner Meinung nach, der einzige Ort, wo Sie vor den Nachforschungen Ihres Vaters vollkommen sicher sein werden, denn sicherlich wird es ihm nicht einfallen Sie dort zu suchen und er wird sich nicht träumen lassen, daß Sie ihm so nahe sind."

„Das ist wahr," sagte sie nach kurzem Bedenken, „es ist ein kühner Gedanke, der gerade deshalb gelingen wird. Ich glaube allerdings, daß Hermosillo der einzige Ort ist, wo ich die Nachstellungen derjenigen, die sich meiner bemächtigen wollen, nicht zu fürchten habe."

„Ich werde übrigens Sorge tragen, daß diejenigen, deren Obhut ich Sie übergebe, sich Ihrer besonders annehmen und der größeren Sicherheit wegen, werde ich Sie so wenig wie möglich verlassen."

„Ich bin Ihnen dankbar dafür, mein Vater, denn ich werde mich sehr einsam und verlassen fühlen."

„Fassen Sie Muth, mein Kind, ich habe Vertrauen zu Don Louis, und der Himmel wird sein Unternehmen beschützen, denn das Werk welches er beginnt ist groß und edel; gilt es doch ein ganzes Land zu befreien."

„Es freut mich, Sie also reden zu hören, das kann ich Sie versichern; mein Vater; der Graf von Prébois-Crancé wird vielleicht scheitern, dann stirbt er aber den Tod des Helden und Märtyrers."

„Ja, der Graf ist ein außergewöhnlicher Mensch, und ich glaube mit Ihnen, mein Kind, daß, wenn ihm seine Zeitgenossen auch keine Gerechtigkeit widerfahren lassen sollten, ihn die Nachwelt doch auf keinen Fall mit jenen sitten- und gewissenlosen Freibeutern in eine Linie stellen wird, die nur nach dem Erwerbe des Goldes trachten, und die, welchen Namen sie sich auch anmaßen, in der That doch nur Straßenräuber sind. Hier erweitert sich aber der Weg, bald werden wir die Schlucht betreten. Dieselbe steht in der Gegend in keinem besonderen Rufe, halten Sie sich daher dicht an mich. Zwar glaube ich nicht, daß wir etwas zu fürchten haben, doch kann Vorsicht niemals schaden."

In der That erweiterte sich plötzlich der Pfad, wie

es der Missionair vorhergesagt hatte. Die beiden Seitenwände des Berges, die sich allmählich verengert hatten,
bildeten jetzt zwei paralell laufende Mauern die kaum
sechszig Fuß von einander entfernt waren. Es war
der schmale Paß, welchen man la Quebrada del Coyote
nannte. Derselbe war ohngefähr eine halbe Stunde
lang, dann erweiterte er sich plötzlich und mündete auf
eine geräumige Chaparral die mit niedrigem Gebüsch
und Dahlienfeldern bedeckt war. Rechts und links flachten
sich die Berge ab und vereinigten sich ohngefähr achtzig
Stunden weiter zum zweiten Male.

In dem Augenblick wo die Reisenden die Schlucht
betraten, kam der Mond hinter den Wolken, die ihn
verhüllt hatten, hervor und erleuchtete den gefährlichen
Ort mit seinem bleichen Lichte.

So schwach das Licht auch war, diente es den
Reisenden doch sich zu orientiren und einen Blick auf
ihre Umgebung zu werfen.

Sie trieben ihre ermüdeten Pferde an, um das
Ende des düsteren Passes, den sie betreten hatten, um
so schneller zu erreichen.

Sie mochten ohngefähr seit zehn Minuten weiter
geritten sein und hatten bereits die Mitte der Schlucht
erreicht, als sich plötzlich das Gewieher eines Pferdes
vernehmen ließ.

„Es sind Reisende hinter uns,“ sagte der Missionair
mit gerunzelter Stirn.

„Und zwar sehr eilige Reisende, wie es scheint,“
antwortete Dona Angela. „Hören Sie . . .“

Sie hielten an um zu lauschen. Sie hörten deutlich den Hufschlag mehrer rasch dahinjagender Pferde.

„Was mögen das für Leute sein?" murmelte der Missionair in sich hinein.

„Reisende, wie wir, vermuthe ich."

„Nein," antwortete Pater Seraphin, „Reisende würden nicht mit solcher Eile dahinjagen: es sind Menschen, welche Jemanden verfolgen, wahrscheinlich uns."

„Das ist nicht wahrscheinlich, mein Vater, es weiß Niemand von unserer Reise."

„Der Verrath hat Luxaugen und die Ohren des Oppossum, liebes Kind; er wacht beständig; es spricht sich alles herum und sobald zwei Menschen ein Geheimniß kennen, hat es aufgehört ein Solches zu sein. Aber die Zeit drängt, wir müssen einen Entschluß fassen."

„Wenn es Feinde sind, so sind wir verloren!" rief Dona Angela erschrocken aus; „wir haben von Niemand Hülfe zu erwarten."

„Die Vorsehung wacht, mein Kind; vertrauen Sie ihr, sie wird uns nicht verlassen."

Der rasche Tritt der Pferde kam immer näher und dröhnte donnerartig durch die Schlucht.

Der Missionair richtete sich auf, seine Züge nahmen plötzlich einen energischen Ausdruck an, den man hinter der gewöhnlichen Sanftmuth derselben kaum für möglich gehalten haben würde. Seine sonst so einnehmende wohlklingende Stimme nahm einen strengen, beinahe harten Ton an.

„Treten Sie hinter mich und beten Sie," sagte

er; „denn wenn mich nicht Alles täuscht, wird es einen gefährlichen Zusammenstoß geben."

Die beiden Frauen gehorchten fast unbewußt, Dona Angela gab sich verloren. Allein mit dem armen Priester war jeder Widerstand unmöglich.

Der Missionair nahm die Zügel seines Pferdes in die Linke, befestigte sie am Sattelknopfe und erwartete den Zusammenstoß, mit dem Gesichte gegen die Ankommenden gewendet.

Er brauchte nicht lange zu warten. Nach ohngefähr zehn Minuten erschienen zehn Reiter, die mit verhängtem Zügel herankamen.

Sie blieben zwanzig Schritt vor den Reisenden so plötzlich stehen, daß es schien als ob ihre Pferde im Boden wurzelten.

So viel man sehen konnte, trugen die Männer die Kleidung der reichen Mexikaner, ihr Gesicht war mit einem schwarzen Schleier verhangen.

Es war kein Zweifel mehr möglich, die unheimlichen Reiter hatten es wirklich auf unsere Reisenden abgesehen.

Es entstand eine feierliche Stille, welche der Missionair endlich beschloß zu brechen.

„Was wollen Sie, meine Herren?" sagte er in lautem, entschlossenem Tone, „und warum verfolgen Sie uns?"

„Oho!" erwiederte eine spöttische Stimme, „die Taube redet ja im Tone des Hahnes. Wir haben keineswegs die Absicht Ihnen zu schaden Senor Padre, wir wollen Ihnen nur den Dienst erweisen, Ihnen die Fürsorge für die beiden lieblichen Mägdlein abzunehmen, die Sie so verstohlener Weise entführen."

„Ziehen Sie Ihre Straße weiter, meine Herren, und kümmern Sie sich nicht um Dinge, welche Sie Nichts angehen."

„Nun nun, Senor Padre," fuhr der erste Sprecher fort, „ergeben Sie sich gutwillig, denn wir möchten nicht gern die Achtung vergessen, welche wir Ihnen schuldig sind. Jeder Widerstand ist Ihnen unmöglich, denn wir sind zehn gegen einen. Ueberdies sind Sie ja auch ein Mann des Friedens."

„Ihr seid Elende!" antwortete der Missionair, „entfernt Euch. Genug der Spötterei, laßt mich meinen Weg ruhig fortsetzen."

„Nicht doch, Senor Padre, Ihr müßtet Euch denn entschließen uns Ihre beiden Begleiterinnen zu überlassen."

„Aha! Steht es so? Nun wohlan, so laßt uns kämpfen; Ihr habt Euch in Bezug auf mich seltsam getäuscht, wie mir scheint. Ich bin allerdings ein Missionair und ein Mann des Friedens, doch scheint Ihr vergessen zu haben, daß ich auch Franzose bin. Laßt Euch also versichern, daß ich nicht zugeben werde, daß meinen Begleitern in irgend einer Weise rücksichtslos begegnet werde und wäre Eure Zahl auch zweimal größer. Die beiden Personen hat Gott meinem Schutze befohlen."

„Womit denkt Ihr denn dieselben zu vertheidigen, mein Herr Franzose?" fragte der Fremde hohnlachend.

„Hiermit," verſetzte der Miſſionair kaltblütig indem er zwei Piſtolen aus den Satteltaſchen zog und ſie entſchloſſen lud.

Die Räuber waren unwillkürlich zweifelhaft. Die That des Miſſionairs war ſo entſchieden, der Ton ſeiner Stimme ſo feſt und ſeine Haltung ſo unerſchrocken, daß ſie unwillkürlich erbebten, denn ſie ſahen ein, daß ſie es mit einem beherztem Manne zu thun hätten, der lieber ſterben, als einen Fuß breit weichen würde.

Die Mexikaner kennen nicht viel Dinge, vor welchen ſie Achtung hegen; doch müſſen wir ihnen die Gerech-tigkeit widerfahren laſſen, zu bekennen, daß das prie-ſterliche Kleid von ihnen tief verehrt wird.

Pater Seraphin war nicht einer jener Miſſionaire, deren es leider etliche giebt, beſonders unter den Prieſtern von Süd- und Nordamerika. Der Ruf ſeiner Tugend und Frömmigkeit war an der mexikaniſchen Grenze bedeutend. Es war ſchon verwegen ihn zu verletzen, wie vielmehr ihm mit dem Tod zu drohen.

Die Fremden waren aber zu weit gegangen, um einzulenken.

„Nehmt Vernunft an Padre," rief der erſte Sprecher aus, „und unternehmt keinen unmöglichen Widerſtand, wir müſſen um jeden Preis jene Frauen mit uns nehmen."

Bei dieſen Worten trat er vor, als wolle er ſeiner Rede die That folgen laſſen.

„Halt! Noch einen Schritt und Ihr ſeid todt! Das Leben zweier Menſchen liegt in meiner Hand."

„Und in der meinigen noch zwei!" rief eine rauh-

Stimme, worauf plötzlich ein Mann aus dem Dickicht sprang und mit der Behendigkeit eines Tigers herbei eilte, um sich entschlossen an die Seite des Missionairs zu stellen.

„Curumilla!" rief Letzterer aus.

„Ja," antwortete der Häuptling; „ich bin es, nur Muth gefaßt! Unsere Freunde sind nicht weit."

In der That hörte man in der Ferne ein dumpfes Geräusch, welches deutlicher und deutlicher wurde. Die Unbekannten waren bisher in ihrer Unterhandlung mit dem Missionair so vertieft gewesen, daß sie nicht darauf geachtet hatten.

Die Situation verwickelte sich. Pater Seraphin sah ein, daß er so lange kein Schuß gefallen wäre, das Feld unbedingt behaupten würde, denn aus den Worten Curumillas schloß er mit Gewißheit, daß bald Hülfe da sein würde. Sein Entschluß war alsbald gefaßt, hier galt es nur Zeit zu gewinnen und das zu erreichen bemühte er sich.

„Hören Sie, meine Herren," sagte er, „ich bin wie Sie sehen nicht mehr allein. Gott hat mir einen wackeren Beistand geschickt, meine Lage ist daher nicht mehr so verzweifelt, wollen wir uns vergleichen?"

„Vergleichen!"

„Ja."

„Fassen Sie sich kurz."

„Ich werde mich bestreben kurz zu sein. Aus der Art und Weise wie Ihr mir entgegen getreten seid, schließe ich daß Ihr wahrscheinlich Salteabores seid.

Wohlan hören Sie mich an. Sie scheinen zu glauben, daß Sie mich in Ihrer Gewalt haben. Sein Sie aber nicht zu vermessen, stellen Sie Ihre Forderung nicht zu hoch, sondern bedenken Sie daß ich ein armer Missionair bin dessen ganze Habe den Armen gehört. Wie viel verlangen Sie von mir als Lösegeld, ich bin zu jedem Opfer bereit, das sich mit meiner Stellung verträgt."

Der Pater Seraphin hätte noch lange reden können ohne daß die Unbekannten darauf gehört hätten. Sie waren auf das entfernte Geräusch aufmerksam geworden und lauschten mit gespannter Aufmerksamkeit.

„Teufel!" rief der frühere Wortführer aus, „der Unhold hat uns zum Besten!"

Bei diesen Worten drückte er die Sporen in die Weichen seines Pferdes.

Doch statt vorwärts zu eilen bäumte sich das edle Thier vor Schmerz wiehernd fast senkrecht in die Höhe und brach dann zusammen.

Curumilla hatte demselben mit der Schneide seines Machete die Kniegelenke durchschnitten.

Nach dieser Heldenthat stieß der Indianer einen lauten Hülferuf aus der durch ein gewaltiges Hurrah beantwortet wurde.

Das Eis war gebrochen und die Räuber drangen mit wildem Geheul auf die Reisenden ein.

Der Missionair feuerte seine Pistolen ab mehr in der Absicht seine Freunde zur Eile anzutreiben, als einen Menschen zu tödten. Man konnte es leicht an dem Umstande erkennen daß Niemand fiel, obgleich die Entfernung so gering war, daß man sein Ziel fast nicht verfehlen konnte.

Im selben Augenblicke eilten fünf bis sechs Reiter herbei und brausten wie ein Sturmwind auf die Unbekannten zu. Es entstand ein furchtbares Handgemenge und von allen Seiten hörte man die Kugeln pfeifen.

Der Missionair war vom Pferde gestiegen, hatte die Frauen veranlaßt ein Gleiches zu thun und sie dann etwas abseits geführt um sie vor den Kugeln zu schützen.

Der Kampf währte aber nicht lange; nach ohngefähr fünf Minuten flohen die Räuber mit der größten Eile und die Neuangekommenen verfolgten sie eifrig, während vier Leichen auf dem Kampfplatze blieben.

Doch gaben die Reiter nach kurzer Zeit die Verfolgung auf, welche sie als fruchtlos erkannten und kehrten zurück um sich dem Missionair zuzugesellen.

Letzterer, welcher den ungerechten Angriff den man gegen ihn unternommen bereits vergessen hatte, war bemüht den unglücklichen Opfern des Hinterhaltes, den sie selbst hatten ausführen helfen, beizustehen. Er wandelte fromm von dem Einen zum Anderen um sich zu überzeugen daß die Hülfe noch nicht zu spät komme.

Drei waren todt, der Vierte röchelte und wand sich mit dumpfem Stöhnen in den letzten Zuckungen des Todeskampfes.

Der Missionair entfernte den Schleier der sein

Gesicht bedeckte und stieß einen Ausruf der Ueberraschung aus, als er ihn erkannte.

Bei diesem Ausrufe öffnete der Sterbende die Augen und heftete seinen starren Blick auf Pater Seraphin.

„Ja ich bin es," sagte er mit erstickter Stimme, „mir geschieht wie ich es verdient habe."

„Unglücklicher!" antwortete der Missionair, „hältst Du so dein Versprechen?"

„Ich habe es versucht," versetzte jener. „Vor wenigen Tagen habe ich denjenigen gerettet den Sie mir empfohlen hatten, mein Vater."

„Und hast dafür mich, der ich Dir das Leben gerettet, tödten wollen," erwiederte der Missionair.

Der Verwundete machte eine heftig verneinende Bewegung.

„Nein," sagte er „nimmermehr! Es giebt in dieser Welt im Voraus verdammte Menschen. El Buitre ist ein elender Räuber gewesen und stirbt wie er gelebt hat das ist in der Ordnung. Lebt wohl Vater! Ja, Ihren Freund den Jäger habe ich gerettet. . . . ah, ah!"

Bei diesen Worten hatte sich der Unglückliche aufgerichtet, plötzlich erfaßte ihn ein Krampf und er rollte auf die Erde.

Er war todt.

Der Missionair kniete neben ihm nieder und betete.

Die Anwesenden fühlten sich unwillkürlich ergriffen, sie entblößten ehrerbietig ihr Haupt und blieben schweigend neben ihm stehen.

Plötzlich ließen sich Schüsse und Geschrei vernehmen

und eine zahlreiche Truppe Reiter betrat die Schlucht in vollem Laufe.

„Zu den Waffen!" riefen die Anwesenden und schwangen sich eiligst in den Sattel.

„Halt!" sagte Curumilla, „es sind Freunde."

VI.

Der Hinterhalt.

Wir bedienen uns des Vorrechtes eines Romanschreibers um einige Schritte zurückzugehen und uns zu Don Cornelio zu wenden, welchem Valentin so überrascht nachblickte als er ihn so unvermuthet das Lager verlassen sah.

Wir schicken einige Worte über Don Cornelio, den fröhlichen sorglosen Edelmann voraus, der wie wir im ersten Theile unserer Erzählung gesehen, eine so große Leidenschaft für die Musik im Allgemeinen, und die Romanze del Rey Rodrigo insbesondere empfand.

Don Cornelio war gegenwärtig sehr verändert. Er sang nicht mehr ließ nicht mehr die Saiten der Jarana unter seinen kunstfertigen Fingern ertönen; eine tiefe Falte hatte sich in seine Stirne gegraben, seine Wangen waren blaß und seine Stirn war fortwährend von düsteren Gedanken umwölkt.

Was war denn geschehen? Was war die Ursache der Verwandlung der Gemüthsart des Spaniers?

Der Grund ist nicht schwer zu errathen. Don Cornelio liebte Dona Angela, liebte sie glühend, wenn auch nicht mit dem Feuer einer wahren aufrichtigen Liebe, denn es mischte sich noch ein anderes Gefühl in seine Leidenschaft das zwar weniger edel aber vielleicht nur um desto heftiger war und sich verstohlen zugleich mit der Liebe in das Herz des Spaniers eingeschlichen hatte.

Jenes Gefühl war die Habsucht.

Wir haben bereits früher erwähnt, daß Don Cornelio eine fixe Idee hatte. Dieselbe hatte ihn aus Spanien nach Amerika gelockt. Der Edelmann wollte durch eine Heirath mit einer jungen, schönen, besonders aber reichen Frau sein Glück begründen.

Eine fixe Idee ist heftiger als eine Leidenschaft oder Monomanie denn es ist der erste Grad des Wahnsinns.

Don Cornelio hatte sich bei seinen Bewerbungen um reiche Amerikanerinen häufig getäuscht gesehen. Er konnte sie zwar nicht durch Glanz und Pracht blenden, denn er war arm wie Hiob, kläglichen Andenkens, dafür hoffte er durch seine persönlichen Vorzüge, nämlich seinen Geist und seine Schönheit zu siegen. Sein Zusammentreffen mit Dona Angela hatte sein Schicksal entschieden. In der Ueberzeugung, daß ihn das junge Mädchen liebe hatte er sich zu einer unbegrenzten Leidenschaft hinreißen lassen wie sie ein Verzweifelter empfindet, für welchen es kein anderes Mittel zum Heile mehr giebt.

Als er seinen Irrthum erkannte war es zu spät.

Wir müssen ihm die Gerechtigkeit widerfahren

5*

lassen zu bekennen, daß der wackere Edelmann eifrig
bemüht war eine so hoffnungslose Leidenschaft aus
seinem Herzen zu verbannen. Unglücklicher Weise blieben
seine Bestrebungen erfolglos und wie es stets in solchen
Fällen zu gehen pflegt vergaß er alles was er Don
Louis schuldig war, der ihn aus der Armuth gezogen,
ja sein Leben gerettet hatte. Er hegte einen stillen Haß
gegen den Grafen, der um so hartnäckiger war als er
ihn nicht äußern durfte, sondern in sich verschließen
mußte. Einen Theil jenes Hasses trug er auch auf
Dona Angela über, obwohl das junge Mädchen und
der Graf bei der Sache nur die unschuldigen Werkzeuge
waren, deren sich das Schicksal bediente um ihn zu
verfolgen.

Don Cornelio entwarf mit beispielloser Geduld
und Verstellung einen Racheplan gegen die beiden
Wesen, die ihm nur Gutes erwiesen hatten und lauerte
mit der Hinterlist eines Raubthieres auf eine Gelegenheit sie zu verderben.

Jene Gelegenheit war in einem Lande, wo die
Falschheit an der Tagesordnung ist und den Grund
aller Berechnungen bildet und ihren Einfluß auf jede
Handlung welche es auch sein mochte übertrug, nicht
schwer zu finden.

Don Cornelio hatte sich mit den Feinden des
Grafen in Verbindung gesetzt und ihnen die Geheimnisse verrathen, die Ersterer in seiner Gegenwart aus-
sprach. Er hatte seine Maßregeln so getroffen, daß
seine beiden Feinde in eine Falle gerathen mußten aus

der sie nicht entkommen konnten und sich in einem Netze fangen sollten aus dem es keine Rettung gab.

Nachdem wir den Leser mit der Gesinnung Don Cornelios vertraut gemacht, wollen wir unsere Erzählung wieder aufnehmen.

Es war dem Spanier gelungen die Zofe Dona Angelas für sich zu gewinnen. Violanta verrieth ihre Herrin zu Gunsten Don Cornelios, von welchem sie sich geliebt glaubte, und der ihr Hoffnung gegeben hatte sie dereinst zu heirathen.

Durch die Plauderhaftigkeit der Zofe, welche nicht verfehlt hatte zu horchen, erfuhr der Spanier, was im Jacal zwischen dem Grafen, dem Pater Seraphin und dem jungen Mädchen verhandelt worden war. Als er später den Befehl erhielt nach la Magdalena zu gehen um Mönchskleider zu kaufen, war seine Unschlüssigkeit plötzlich verschwunden und er beschloß ohne Zeitverlust zu handeln.

Die Mexikaner wollten auf seinen Rath noch an demselben Abende versuchen das Lager zu überfallen. Folglich mußte er wo sie zu finden waren. Er benutzte daher einen Augenblick wo Jedermann zu sehr mit sich selbst beschäftigt war um zu beobachten was Andere trieben, um sich unbemerkt fortzustehlen. Unter dem Anscheine einen Spaziergang zu machen erreichte er das Dickicht, wo ein Pferd bereit stand, schwang sich in den Sattel und sprengte mit verhängtem Zügel in die Ebene hinaus nachdem er sich durch einen spähenden Blick überzeugt hatte, daß ihn Niemand beobachte.

Er ritt mehre Stunden auf diese Weise weiter und schien keine bestimmte Richtung zu verfolgen, sondern verfolgte seinen Weg querfeldein ohne sich um die Hindernisse zu kümmern oder seinen Schritt zu mäßigen.

Nach und nach nahmen seine anfangs düsteren Gedanken eine andere Richtung. Er befestigte die Zügel an seinem Sattelknopfe und ließ zum ersten Male nach langer Zeit seine Finger über die klingenden Saiten seiner Jarabé gleiten, welche er fortwährend über der Schulter trug. Er folgte unwillkürlich dem Eindrucke den die Umgebung auf ihn machte und fing erst leise an zu trällern worauf er, ohne es selbst zu bemerken, folgende Strophe sang, die mit seiner eigenen Lage einigermaßen übereinstimmte:

„Angebetete Feindin, Spaniens zweite Helena, ach, wäre ich blind geboren, oder besäßest Du keine Schönheit! Wehe dem Tage und dem Sterne unter welchem ich geboren wurde! Hätte mich die Mutter die mich säugte lieber getödtet, so würde ich . . .“

Zum Teufel mit der Eule die zu jetziger Zeit krächzt!“ rief eine rauhe Stimme den Sänger unterbrechend. „Hat man je eine schrecklichere Katzenmusik gehört?“

Don Cornelio blickte sich um, es war finstere Nacht; trotzdem erkannte er einen langen dürren Mann mit herausfordernder Miene und zugespitztem Schnurrbarte, der ihn spöttisch betrachtete und sich auf seinen gewaltigen Degen stützte.

„Oho!“ sagte Don Cornelio ohne aus der Fassung

zu kommen, „seid Ihr es Capitain? was thut Ihr denn da."

„Ich warte auf Euch, Christo!"

„Nun hier bin ich."

„Das trifft sich glücklich; wann brechen wir auf?"

„Es hat sich geändert."

„Wie?"

„Bringt mich erst nach Eurem Lager, dann will ich Euch alles erklären."

„Kommt."

Don Cornelio folgte ihm.

Jener Capitain, welchen der Leser wahrscheinlich bereits erkannt hat, war der alte Soldat aus dem Befreiungskriege, welchen wir bereits das Vergnügen hatten unter dem Namen des Don Isidro de Vargas vorzuführen. Es war der Rathgeber und böse Dämon des Generals Guerrero, welchem er anhing wie die Klinge dem Griffe.

Der Spanier zog sein Pferd beim Zügel nach, betrat eine geräumige Lichtung in welcher ein Dutzend Feuer brannten, die von ohngefähr hundert düster blickenden Männern in bunt zusammen gewürfelter Kleidung umgeben waren, welche aber alle gute Waffen führten. Jene Räuber, deren verwilderter Anblick einen Maler entzückt haben würde, waren beim flackernden Scheine des Feuers beschäftigt zu spielen, zu trinken, zu streiten und schienen sich um die Ankunft Don Cornelios wenig zu kümmern.

Letzterer konnte sich bei ihrem Anblicke einer

Geberde des Abscheues nicht enthalten. Er pflöcke sein
Pferd neben denen der Räuber aus und kehrte zum
Capitain zurück, der sich bereits am Feuer niedergelassen
hatte, was eigens für ihm bestimmt zu sein schien, denn
keiner der Cameraden, die anzuführen er die Ehre hatte,
leistete ihm an demselben Gesellschaft.

„Jetzt höre ich Sie," sagte der Capitain, sobald
er sah, daß sein Gast behaglich neben ihm saß.

„Was ich zu sagen habe, wird bald geschehen sein."

„Laßt hören."

„Die Sache ist in der Kürze folgende: das Unter=
nehmen, was wir heute Abend beabsichtigten, muß
unterbleiben, denn der Vogel ist ausgeflogen."

Der Capitain stieß, seiner Gewohnheit gemäß,
wenn ihn irgend etwas aufregte, einen gewaltigen
Fluch aus.

„Nur Geduld," fuhr der Spanier fort, „hört erst
was geschehen ist." Hierauf erzählte er auf welche Weise
Pater Seraphin das Lager in Begleitung des jungen
Mädchens verlassen habe.

Bei dieser Erzählung heiterte sich die Miene des
ehrenwerthen Capitains wieder auf.

„Nun," sagte er, „das ist ja schön. Was denkt
Ihr zu thun?"

„Gebt mir El Buitre und zehn entschlossene Mann
der Priester muß durchaus la Quebrada del Coyote
passiren. Dort angelangt denke ich bald mit ihm fertig
zu werden."

„Was werde ich unterdessen thun?"

„Ihr! Was Ihr wollt!"

„Mil Rayos! da ich einmal hier bin, so bleibe
ich hier. Morgen will ich mit Anbruch des Tages
das Lager abbrechen und nachdem ich einige Kundschafter voraus geschickt, wieder zu dem Generale nach
Urès gehen."

„Ist der gegenwärtig in Urès?"

„Ja, vorläufig."

„Gut! ich werde Euch dort mit meinen Gefangenen
nachkommen."

„Abgemacht."

„Jetzt wollen wir uns beeilen, denn ich muß
gleich aufbrechen."

Der Capitain stand auf und während Don Cornelio seinen Sattelgurt fester schnallte, gab er Befehl
daß sich zehn Mann, unter welchen natürlich El Buitre
nicht fehlen durfte, zu einem Streifzuge vorbereiten sollten.

Zehn Minuten später verließ die kleine Truppe
die Lichtung unter der Führung des Spaniers und
verfolgte die Spur des Missionairs.

Der Leser hat bereits erfahren, wie es in der
Schlucht hergegangen ist. Dieselbe war kaum zwei
Stunden von dem Orte entfernt, wo die Räuber auf
der Lauer lagen. Wir verlassen also Don Cornelio,
um uns nur mit dem Capitain de Vargas zu beschäftigen.

„Meiner Treu," sagte der Capitain zu sich selbst,
sobald ihn der Spanier verlassen hatte. „Es ist mir
lieber daß es so gekommen ist, denn mit jenen ver-
teufelten Franzosen ist nichts zu holen als Schläge.

Jetzt sind wir ruhig für den Rest der Nacht und wollen uns schlafen legen."

Der Capitain war keineswegs so sicher als er meinte, und sollte keine sehr ruhige Nacht verbringen.

Valentin hatte, als sie das Lager verließen seinen Gefährten mitgetheilt, was er zu unternehmen gedachte und ihnen anempfohlen auf indianische Weise, nämlich mit Hinterlist zu handeln. Als sie in den Schatten des Waldes traten, in welchem sich der Capitain de Vargas mit seinen Leuten versteckt hielt, hörten die Franzosen den Hufschlag von Pferden und die unter dem Befehl des Spaniers stehenden Räuber stahlen sich geräuschlos wie Schatten an ihnen vorüber. Da der Jäger nicht wünschte die Ausführung seines Planes verzögert zu sehen und sich nicht der Gefahr aussetzen wollte, statt der gehofften Beute einen Schatten einzufangen begnügte er sich, der geheimnißvollen Erscheinung einen intelligenten Mann nachzusenden, der sich überzeugen sollte was sie zu bedeuten habe. Die Franzosen stiegen unterdessen vom Pferde und schlichen sich, auf Händen und Füßen kriechend, in den Wald.

Nichts war leichter, als die Mexikaner zu überfallen.

Dieselben hielten sich für so sicher, daß sie sogar versäumt hatten rings um ihr Lager Schildwachen aufzustellen, um sich für den möglichen Fall der Gefahr durch sie warnen zu lassen.

Sie lagen bunt durch einander bei dem Feuer und die meisten von ihnen schliefen oder befanden sich in jenem halb bewußtlosen Zustande, der dem Schlafe voranzugehen pflegt.

Der Capitain hingegen hatte sich sorgfältig in seinen Mantel gehüllt und war, mit dem Kopfe auf dem Sattel ruhend, fest eingeschlafen.

Die Abenteurer gelangten bis in die Mitte der Waldlichtung ohne ihre Nähe durch das geringste Geräusch verrathen zu haben.

Jetzt bemächtigten sie sich, dem erhaltenen Befehle gemäß, der Flinten und Säbel, die neben den Schlafenden lagen, und trugen sie auf einen Haufen zusammen, dann durchschnitten sie die Seile mit welchen die Pferde gebunden waren und jagten sie mit kräftigen Chicote=Hieben davon.

Bei dem furchtbaren Getöse, das durch die tollen Sprünge der Pferde verursacht wurde, die wiehernd und sich bäumend nach allen Richtungen davon sprengten, erwachten die Mexikaner.

Sie blieben eine Weile betroffen als sie die Abenteurer erblickten, welche sie mit angelegtem Gewehr auf allen Seiten umstanden.

Unwillkürlich suchten sie ihre Waffen und wurden erst jetzt inne, daß man sie ihnen genommen hatte.

„Con mil rayos y mil demonios!" rief der Capitain, heftig mit dem Fuße stampfend, „wir sind gefangen wie Ratten in einer Falle."

„Schau!" sagte Valentin spöttisch lachend, „Senor Don Isidro Vargas ist wohl nicht mehr Majordomo?"

„Und Ihr," antwortete jener vor Wuth lachend,

„scheint also nicht mehr Novillos Händler zu sein, Senor Don Valentin?"

„Ja sehen Sie," antwortete Letzterer in neckendem Tone, „die Geschäfte gehen eben gar zu schlecht!"

„Nun für Euch scheinen sie nicht so schlecht ge= gangen zu sein, wie mir scheint."

„Sie wissen wohl, daß man sich helfen muß so gut man kann;" hierauf wandte er sich zu de Laville: „Mein lieber Capitain, sagte er zu ihm, alle jene Caballeros haben Reatas; bedienen Sie sich derselben gefälligst um dieselben recht fest zu binden."

„Wie, Senor Don Valentin," sagte der Exmajor= domo, „Sie verfahren keineswegs sanft mit uns."

„Ich! Sie irren, Don Isidro! Es sind nur, wie Sie wissen im Kriege gewisse Bedingungen zu erfüllen, das ist Alles."

„Was denken Sie mit uns anzufangen?"

„Das werden Sie sehen, ich will Ihnen die Freude der Ueberraschung nicht rauben; und dabei fällt mir ein daß ich Sie fragen wollte, wie Ihnen die gegen= wärtige gefällt? Ist sie nicht eben so viel werth als die Ueberraschung die Sie uns zugedacht hatten?"

Der Capitain Vargas wußte nicht was er ant= worten sollte und begnügte sich, nachdem er sich im Kreise umgesehen und sich überzeugt hatte, daß es eben so unmöglich war zu fliehen, als Widerstand zu leisten, mit stillem Ingrimme die Fäuste zu ballen.

In dem Augenblicke kehrte der Mann, welchen

Valentin als Kundschafter ausgeschickt hatte, zurück und sagte ihm einige Worte in's Ohr.

Der Jäger erblaßte und warf dem mexikanischen Capitain einen Blick zu vor welchem derselbe erbebte.

Dann wandte er sich zu seinen Leuten und sagte rasch und kurz:

„Zehn Mann zu Pferde, schnell! Capitain de Laville, Sie haften mir mit Ihrem Kopfe für die Räuber, welche ich in Ihren Händen lasse. Kehren Sie langsam nach dem Lager zurück, ich werde wahrscheinlich schon unterwegs wieder zu Ihnen stoßen. Der erste der es wagt flüchten zu wollen wird ohne Gnade niedergeschossen. Haben Sie mich verstanden?"

„Seien Sie unbesorgt, es soll geschehen. Was ist aber denn vorgefallen?"

„Die Räuber welche wir bei unserer Ankunft bemerkt haben, wollen den Pater Seraphin überfallen."

„Tod und Teufel! da müssen wir ja eilen."

„Das will ich auch thun. Leben Sie wohl! Wehe Euch Elenden! Wenn dem Missionair nur ein Haar gekrümmt wird, lasse ich Euch sämmtlich erschießen," rief er den bestürzten Räubern zu.

Nach dieser furchtbaren Drohung entfernte er sich, gefolgt von der kleinen Truppe die ihn begleiten sollte.

Am Eingange der Schlucht traf der Jäger auf die Flüchtlinge und fiel über dieselben her. Unglücklicher Weise bemerkten ihn Letztere zuerst und es gelang ihnen sich mit Hinterlassung ihrer Pferde zu retten

indem sie wie Katzen an den fast senkrechten Fels-
wänden emporkletterten.

Statt seine Zeit mit einer fruchtlosen Verfolgung
zu verlieren, beeilte sich Valentin den Missionair auf-
zusuchen.

„Ach!" rief dieser aus sobald er ihn erblickte,
„lieber Freund, theurer Valentin, ohne Curumillas Beistand waren wir verloren!"

„Und Dona Angela?"

„Sie ist, Gott Lob, gerettet."

„Ja," sagte sie, „mit Hülfe Gottes und jener
Caballeros welche eben zu rechter Zeit kamen um uns
zu beschützen."

Einer der Fremden trat heran.

„Verzeihung, mein Herr," sagte er in vortrefflichem
Französisch, „Sie sind jener französische Jäger Namens
Valentin Guillois, von welchem man so häufig hört,
nicht wahr?"

„Ja," antwortete Valentin verwundert.

„Ich heiße Fröhlich, mein Herr."

„Ich kenne Sie, denn mein Milchbruder hat
häufig von Ihnen, als von seinem besten Freunde
gesprochen."

„Es freut mich zu hören, daß er sich meiner so
freundlich erinnert. Erlauben Sie mir, Ihnen Don
Rafaël Garillas de Saavedra vorzustellen."

Die Männer begrüßten sich, und drückten sich die Hand.

„Wir haben uns gegenseitig als beherzte Leute
kennen gelernt, bemerkte Valentin."

„Ist es nicht die beste Art und Weise sich kennen zu lernen?"

„Wir dürfen uns nicht länger hier aufhalten," bemerkte Pater Seraphin.

„Ich kehre mit Ihnen um, Senor Padre," sagte Don Rafaël; „es war meine Absicht, mich nach dem Lager des Herrn Grafen zu begeben, doch habe ich ein besseres Mittel entdeckt, ihn zu sehen, und zu meinem Freunde zu machen."

„Welches Mittel ist das?"

„Indem ich Dona Angela einen Zufluchtsort in der Hacienda del Milagro anbiete, welche mir gehört."

„Ja," sagte der Missionair, „verzeihen Sie mir, Don Rafaël, daß ich nicht daran gedacht habe; das ist in der That der schicklichste Zufluchtsort für die Dame."

„Ich nehme Ihr Anerbieten dankbar an," murmelte das junge Mädchen.

Hierauf neigte sie sich zu dem Jäger und flüsterte ihm lächelnd und erröthend in's Ohr:

„Don Valentin, wollen Sie es übernehmen, einen Auftrag von mir an Don Louis zu überbringen? Es ist nur ein Wort."

„Nur eines?" sagte er, „welches?"

„Ewig."

„Nun," antwortete er in rauhem aber gutmüthigem Tone, „ich nehme nicht zurück, was ich gesagt habe: Sie sind ein Engel!"

„Fort! fort!" rief sie aus.

„Kommen Sie nicht mit uns, Fröhlich?" fragte Valentin.

„Gewiß, und zwar um so mehr, als ich mit Don Louis zu sprechen habe."

„Recht so," antwortete Don Rafaël; „ich werde nebst Adlerkopf und dem schwarzen Hirsche den Missionair begleiten. Senor Don Valentin, wenn Sie nach der Hacienda del Milagro kommen, so können Sie Fröhlich führen."

„Nun, ich will es wahrlich nicht in Abrede stellen," versetzte Valentin lachend, „und Sie werden mich vielleicht früher dort sehen als Sie meinen."

„Wenn Sie auch kommen, werden Sie doch stets willkommen sein."

Nachdem man gegenseitig herzlichen Abschied genommen hatte, trennte man sich, und beide Truppen verließen die Schlucht nach entgegengesetzten Richtungen.

<hr />

VII.

Der Marsch.

Die Sonne war bereits seit einer Stunde aufgegangen, als Valentin mit seiner kleinen Truppe zu dem Capitain de Laville zurückkehrte, welchen er nebst seinen Gefangnen kaum zwei Stunden von la Magdalena traf.

Die Mexikaner schritten gesenkten Hauptes, mit

auf dem Rücken gebundenen Händen, zwischen zwei Reihen von Reitern, welche das Gewehr schußfertig bereit hielten.

Der Capitain ritt, mit einem alten mexikanischen Officiere, der Truppe einige Schritte voran. Derselbe hatte versucht zu fliehen, man hatte ihm daher die Beine unter dem Bauche des Pferdes zusammengebunden.

Zuletzt kamen die Pferde der Gefangenen, welche die Abenteurer mit leichter Mühe wieder eingefangen hatten und welche die Flinten, Lanzen und Säbel ihrer Herren trugen.

Als sich beide Truppen vereinigt hatten, schritt man rascher vorwärts.

Valentin hätte vor Sonnenaufgang wieder im Lager sein können, wenn er gewollt hätte. Es war aber von Wichtigkeit, den Einwohnern von la Magdalena und den aus allen Theilen des Landes, zur Feier des Festes herbeigeströmten Fremden zu beweisen, daß das Unternehmen der Franzosen keineswegs so thöricht sei als sie glaubten, oder wenigstens Andere glauben machen wollten, indem man sie dem Einzuge der Gefangenen beiwohnen ließ.

Der Graf, der durch Curumilla von dem Geschehenen bereits unterrichtet war, beschloß der Sache eine große Wichtigkeit beizulegen und gewissermaßen damit zu prahlen. Er ließ daher die ganze Armee unter die Waffen treten, und die Fahne beim Klange der Hörner und Trompeten vor seinem Zelte aufpflanzen, welchen Akt die Abenteurer mit Jubelgeschrei begrüßten.

Die Bewohner von la Magdalena kamen, wie es

der Graf vorhergesehen hatte, herbeigeströmt, um dem
Schauspiele beizuwohnen, welches man für sie veran=
staltet hatte, und die Straße war bald mit Neugierigen,
theils zu Pferde, theils zu Fuße besetzt, die sich um
die besten Plätze drängten und stießen.

Sobald die Spitze des Zuges die Barrièren des
Lagers erreicht hatte, hielt er auf einen Wink Valen=
tins an. Eine Fanfare wurde geblasen.

Bei diesem Signale trat ein Officier heraus.

„Wer da?" rief er.

„Frankreich!" antwortete de Laville, der seinerseits
einige Schritte herangekommen war.

„Welche Waffe?" fuhr der Officier fort.

„Die Befreiungsarmee von Sonora!"

Das Volk nahm die Worte mit begeistertem Jubel=
geschrei auf.

„Tretet ein!" sagte der Officier.

Die Barrièren wurden geöffnet; die Trommel
dröhnte, die Hörner schmetterten und der Zug fing an
einzurücken.

Der, an und für sich so einfache Vorfall, hatte
doch ein Gepräge von Großartigkeit. Die entschlossene
Miene der kleinen Schaar, die ohne andere Hülfe als
sich selbst, in einer Entfernung von sechstausend Meilen
von dem Vaterlande den französischen Namen mit so
viel Stolz und Würde trug, und zu Anfang des Feldzuges,
ohne Schwerdtstreich bereits hundert Gefangene gemacht
die in dem Augenblicke ertappt wurden, wo sie das Lager
überfallen wollten, übte einen begeisternden Einfluß aus.

Die Sonoraner fühlten sich unwillkürlich ergriffen und betrachteten die Franzosen mit einer Mischung ehrerbietiger Scheu und Bewunderung, und statt das Schicksal ihrer Landsleute zu beklagen, überschütteten sie dieselben mit Schmähungen und Spott. So großen Einfluß hat auf Naturvölker der Muth und die Entschlossenheit.

Als die Gefangenen in der Mitte des Lagers aufgereiht standen, trat der Graf von Prébois-Crancé zu ihnen, umgeben von seinem Generalstabe und mehren der angesehensten Bewohner von la Magdalena, die ihre Begeisterung mit fortgerissen hatte.

Es war in Wahrheit ein Festtag. Die Gegend war in hellen Sonnenschein gebadet; ein leiser Wind erfrischte die Luft, die Hörner schmetterten fröhliche Fanfaren; die Trommeln wirbelten auf dem Felde, und das versammelte Volk schwenkte Hüte und Fächer und jubelte laut.

Der Graf lächelte; er fühlte sich in dem Augenblicke glücklich und blickte weniger muthlos und traurig in die Zukunft.

Er musterte die Gefangenen eine Zeit lang mit nachdenklicher Miene.

„Ich bin nach Sonora gekommen," sagte er endlich mit lauter Stimme, „um das Volk dieses Landes zu befreien; man hat Euch gesagt, daß ich ein grausamer und gottloser Mensch sei; geht, Ihr seid frei! Erzählt Euren Landsleuten, auf welche Weise sich der Räuber für die Verleumbungen rächt, die man über

6*

ihn verbreitet. Ich nehme Euch nicht einmal das Versprechen ab, die Waffen nicht wieder gegen mich zu führen, denn ich habe eine stärkere Stütze als alle Soldaten, welche man mir entgegenstellen kann; die Hand Gottes hält mich, es ist sein Wille, daß das Land endlich befreit werde. Bindet die Männer los und gebt ihnen ihre Waffen zurück!" Der Befehl wurde augenblicklich vollzogen.

Das Volk nahm die großmüthige That mit Jubel und Freudenbezeugungen auf.

Die Gefangenen beeilten sich das Lager zu verlassen, nachdem sie zuvor dem Grafen in pathetischen Worten ihre Dankbarkeit ausgesprochen hatten.

Jetzt wandte sich Don Louis zu Don Isidro, und sagte in ernstem Tone:

"Ihr seid einer der wenigen Ueberlebenden von jenen löwenherzigen Männern aus dem Befreiungskriege, welche die spanische Herrschaft vernichtet haben, Capitain. Wir sind Brüder, denn wir dienen derselben Sache. Nehmt Euren Degen zurück, welchen ein so tapferer Mann stets an seiner Seite tragen soll."

Der Capitain warf ihm einen finsteren Blick zu.

"Warum nehmt Ihr mir jeden Grund, Euch zu hassen?" antwortete er. "Eine Beleidigung wäre mir lieber gewesen als solche Großmuth, denn fortan bin ich gebunden."

"Keineswegs, Capitain. Ich fordere weder Dankbarkeit noch Freundschaft von Euch, denn ich habe nur so gehandelt, wie ich es für recht und billig hielt.

Gehen wir Beide unseren Weg weiter, suchen wir aber eine zweite Begegnung zu vermeiden."

„Reicht mir die Hand, Caballero, und nun noch ein Wort!"

„Redet!"

„Seid vorsichtig, wem Ihr Euer Vertrauen schenkt."

„Redet deutlicher!"

„Ich darf nichts weiter sagen, wenn ich mich nicht selbst zum Verräther erniedrigen will."

„Immer und immer wieder das alte Lied," mur= melte der Graf, der nachdenklich wurde.

„Lebt jetzt wohl, Caballero; ist es mir auch ver= boten gute Wünsche für das Gelingen Eures Unter= nehmens auszusprechen, so will ich demselben doch auch nicht feindlich entgegentreten und wenn Ihr mich auch nicht unter der Zahl Eurer Freunde findet, werde ich auch nicht in den Reihen Eurer Feinde stehen."

Der alte Capitain schwang sich mit einem Satze in den Sattel, tummelte sein Roß auf dem Platze umher, grüßte die Anwesenden freundlich und sprengte davon.

Der Rest des Tages glich einem fortwährenden Feste. Es war dem Grafen gelungen durch sein groß= müthiges Benehmen gegen die Gefangenen, den ge= wünschten Eindruck auf das Volk zu machen. Die französischen Abenteurer waren in den Augen der Sono= raner um ein Bedeutendes gewachsen und der Graf hatte plötzlich großes Ansehen im Lande gewonnen und

schon fingen Einzelne an, an das Gelingen seines Unter=
nehmens zu glauben.

Des Abends versammelte der Graf sämmtliche
Officiere seiner Truppe, zu einem Kriegsrathe.

Durch einen glücklichen Zufall traf es sich, daß
Don Cornelio, der gewiß aufgefordert worden wäre
an der Berathung Theil zu nehmen, vom Grafen
beauftragt war, in la Magdalena Pferde, deren man
bedurfte, einzukaufen. Die Beschlüsse des Rathes blieben
daher geheim.

Es war dem Spanier wunderbarer Weise gelungen
der Verfolgung des Jägers zu entgehen und unbemerkt
nach dem Lager zurückzukehren, wo er ohngefähr zwei
Stunden vor den Gefangenen anlangte. Sein Pferd
hatte er zwar zu Tode gehetzt, sich selbst aber durch
die Schnelligkeit desselben gerettet, und für dieses Mal
wenigstens war er der Strafe entgangen, denn es fiel
Niemandem ein, Verdacht auf ihn zu werfen, auch
konnte er für den Fall daß es dennoch geschehen wäre,
leicht ein Alibi vorbringen.

Um acht Uhr Abends wurde zur Retraite geblasen
man schloß die Barrièren des Lagers und die Officiere
begaben sich nach dem Hauptquartiere, nämlich nach
dem Jacal des Grafen.

Man stellte Schildwachen auf zehn Schritt Ent=
fernung, damit sie nicht horchen könnten, rings um
dem Jacal auf und ertheilte ihnen den Befehl, auf
Jeden zu schießen, der sich unbefugt in die Versamm=
lung zu drängen versuche.

Der Graf saß an einem Tische auf welchem eine Karte von Sonora ausgebreitet lag, wo sämmtliche Wege und Landstraßen angegeben waren.

Die Versammlung bestand aus ohngefähr funfzehn Personen, unter welchen sich Valentin, Curumilla, der Capitain de Laville und Fröhlich befanden. Letzterer war mit dem Grafen zu genau bekannt, um von der Versammlung ausgeschlossen werden zu können.

Als Alle eingetreten waren, schloß man die Thür und der Graf erhob sich.

„Cameraden," sagte er in festem aber gedämpftem Tone, damit man ihn draußen nicht hören könne, „jetzt wird unser Feldzug eigentlich erst beginnen. Was bisher geschehen ist, kommt nicht in Betracht. Ich habe zu wiederholten Malen, entweder selbst, oder durch meine Kundschafter die Gesinnung der reichen Hacienderos oder Campesinos des Staates zu erforschen gesucht. Sie schienen uns günstig gestimmt zu sein; doch dürfen wir uns nicht blenden, oder durch trüge= rische Versprechungen täuschen lassen. So lange wir uns nicht auf wirkliche Thatsachen stützen können, wird Niemand von ihnen Hand an's Werk legen. Kurz, wir müssen uns einer Stadt bemächtigen. Gelingt uns das, so haben wir gewonnenes Spiel, indem sich dann das ganze Land erheben, und zu uns halten wird. Ich habe Euch hierher geführt, weil la Magdalena die Spitze eines Dreiecks bildet, von welchem die drei Straßen nach den Hauptstädten von Sonora aus gehen. Eine jener Städte müssen wir einnehmen. Jetzt frägt es sich nur, welche? Alle drei wimmeln von Truppen, und überdies hält der General Guerrero die Straßen besetzt, welche zu denselben führen. Er hat geschworen," fügte er lächelnd hinzu, „daß er uns mit einem Schlage vernichten wolle, wenn wir wagten, einen Schritt vorzugehen. Das wird Euch indessen, wie ich vermuthe, wenig schrecken; kehren wir daher zu der Hauptfrage zurück. Capitain de Laville, ich bitte Sie um Ihre Meinung."

Der Capitain verneigte sich.

„Herr Graf," sagte er, „ich stimme für Sonora. Obwohl es nur eine junge Stadt ist, führt sie doch den Namen des Landes, welches wir befreien wollen, und das ist von Wichtigkeit."

Mehre andere Officiere gaben nach der Reihe ihre Stimmen ab, und die meisten stimmten dem Capitaine de Laville bei.

Der Graf wandte sich zu Valentin.

„Und Du Bruder," sagte er, „was meinst Du dazu?"

„Hm!" versetzte der Jäger, „ich bin, wie Du weißt, Bruder, kein großer Gelehrter, doch hoffe ich, daß mich meine, im Kriege gesammelte Erfahrung richtig leiten werde. Du bedarfst einer reichen und industriellen Stadt, damit Du die wohlhabenden Einwohner des Landes vor einem Handstreiche sichern kannst, wenn man Dich in derselben überfiele, und von wo aus Du Dir einen sicheren Rückzug vorbehalten kannst, wenn Du der Uebermacht solltest weichen müssen. Nicht wahr?"

„Es ist allerdings erforderlich daß die Stadt, welche wir erobern, jene Bedingungen erfülle."

„Nur eine vereinigt sie."

„Das ist Hermosillo," sagte Fröhlich.

„Allerdings," erwiederte Valentin; „die Stadt ist durch Mauern geschützt, dient dem Handel von ganz Sonora als Stapelplatz, ist daher sehr wohlhabend, und was für uns von besonderer Wichtigkeit sein muß, nur funfzehn Stunden von Guaymas entfernt, in welchem Hafen unsere Verstärkungen landen werden, welche wir nöthigen Falls aus Californien herbeirufen können, und wo wir selbst eine Zuflucht finden, wenn wir so hart bedrängt werden, daß wir uns zurückziehen müssen."

Die Versammlung sah sofort ein, wie richtig Valentin's Worte waren.

„Auch ich stimme für Hermosillo," sagte der Graf, „doch darf ich Euch nicht verhehlen, daß der General Guerrero von der Wichtigkeit, welche jene Stadt für uns haben muß, so tief durchdrungen ist, daß er bedeutende Kräfte dort concentrirt hat."

„Desto besser!" rief der Capitain de Laville aus; „so haben doch die Mexikaner gleich anfangs die beste Gelegenheit uns kennen zu lernen!"

Diese Worte wurden mit Beifall aufgenommen und man entschied sich dafür, daß die Armee nach Hermosillo marschiren solle.

„Jetzt handelt es sich um eine andere Schwierigkeit," sagte der Graf; „die Mexikaner haben alle drei Straßen inne, wir müssen sie daher auf eine falsche Fährte locken."

„Das ist meine Sache," bemerkte Valentin lachend.

„Gut! wir werden uns nach allen drei Richtungen zugleich bewegen, um den Feind in Athem zu erhalten, dann rücken wir in Eilmärschen nach Hermosillo vor, nur fürchte ich, daß es uns viel Menschen kosten wird."

Curumilla stand auf.

Der Araukan war bisher stumm auf einem Equipal sitzen geblieben, und hatte sein indianisches Calumet geraucht, ohne sich scheinbar um die Verhandlung zu kümmern, die gepflogen wurde.

„Laßt den Häuptling reden," sagte Valentin, „seine Worte sind Goldes werth."

Jedermann schwieg.

„Curumilla kennt einen Seitenweg," sagte der Häuptling, „der den Weg abkürzt, und welchen der mexikanische General nicht weiß, Curumilla wird seine Freunde führen."

Der Häuptling griff hierauf wieder nach seinem Calumet und setzte sich gelassen hin.

Das machte der Verhandlung ein Ende. Curumilla hatte, seiner Gewohnheit gemäß, den Knoten auf einen Hieb durchhauen, indem er das größte Hinderniß aus dem Wege räumte.

„Cameraden," fuhr der Graf fort, „die Kanonen und Wagen sind bespannt; weckt Eure Leute, und brechen wir geräuschlos das Lager ab. Die Einwohner von la Magdalena sollen morgen, bei ihrem Erwachen nicht wissen, was aus uns geworden ist."

Hierauf zog er den Capitain de Laville und Valentin bei Seite.

„Während ich unter der Führung des Häuptlings den Seitenweg einschlage, werden Sie, Capitain, auf Ures marschiren, und Du Bruder, Dich nach Sonora wenden. Nähert Euch genug, daß man Euch erkennen kann, laßt Euch aber auf kein Scharmützelkein. Schwenkt um, und kommt mir rasch nach. Nur durch die Schnelligkeit unserer Bewegungen können wir unsere Gegner besiegen."

„Für den Fall daß es uns nicht möglich wäre, Dich unterwegs zu erreichen, mußt Du uns einen Sammelplatz bestimmen."

„Die Hacienda del Milagro, welche vier Stunden von Hermosillo liegt," sagte Fröhlich. „Dort soll das Hauptquartier aufgeschlagen werden."

„Ja," stimmte der Graf bei, indem er dem Canadier verstohlen die Hand drückte.

Die Versammlung trennte sich und Jeder eilte, die erhaltenen Aufträge zu vollziehen.

Man brach das Lager in der tiefsten Stille ab. Es wurden die größten Vorsichtsmaßregeln ergriffen damit nichts von dem, was im Inneren vorging, nach Außen dringen könne.

Die Lagerfeuer ließ man brennen, und ließ Alles stehen, was die schnelle Abreise hätte verrathen können.

Die Truppen, die unter dem Befehle de Laville's

und Valentins standen, brachen ohngefähr um elf Uhr Abends nach zwei entgegengesetzten Richtungen auf. Bald folgte ihnen der Graf mit den Bagagewagen und der Hauptmasse der Armee, und verließ das Lager ohngefähr um Mitternacht.

Curumilla hatte den Grafen nicht getäuscht. Nach einem etwa zweistündigem Marsche ließ er die Truppe im spitzen Winkel abschwenken, und schlug einen schmalen Weg ein, der kaum breit genug für die Wagen war. Bald verschwand die Truppe hinter den zahllosen Windungen eines wahren Raubthierpfades, auf welchem es Niemand würde für möglich gehalten haben, daß eine bewaffnete Truppe, gefolgt von zahlreichen, schwerbeladenen Wagen, wagen würde fortkommen zu wollen.

Nachdem man aber die ersten Hindernisse überwunden hatte, bot der Weg, welcher so gefahrvoll schien, keine ernstlichen Hindernisse mehr und die Franzosen rückten schnell vor.

Zwei Tage später trafen die Truppenabtheilungen wieder ein, welche Auftrag hatten an den Seiten der Colonne zu operiren. Es war dem Capitain de Laville und Valentin vollständig gelungen, den General zu täuschen, und er ließ die Straße noch immer von seinen Vorposten bewachen, ohne zu ahnen, daß man sie umgangen habe.

Man marschirte neun Tage unter zahllosen Schwierigkeiten weiter, denn der Boden bestand aus Flugsand, der unter den Füßen wich, es herrschte eine erstickende Hitze, es fehlte an Wasser, und die zwei letzten Tage hatte man weder Lebensmittel noch Fourage mehr. Nichts vermochte aber den Muth der Franzosen zu erschüttern, oder ihre unverwüstliche Heiterkeit zu dämpfen. Sie marschirten unverdrossen, die Blicke auf ihren Anführer gewendet, der zu Fuße an ihrer Spitze ging, und sie tröstete und ermuthigte.

Am neunten Tage erblickten sie die Umrisse einer weitläufigen Hacienda, die sich aus dem dichten Gebüsche in der Entfernung erhob.

Es war das erste Haus, welches sie, seit ihrer Abreise von la Magdalena erblickten.

„Was ist das für eine Hacienda?" fragte Louis Fröhlich, der neben ihm ging.

„Die Hacienda del Milagro," antwortete der Canadier.

Die Franzosen stießen einen Freudenschrei aus, als sie sich am Ziele sahen.

Sie hatten in neun Tagen, auf unwegsamen Pfaden neunundfunfzig Stunden zurückgelegt!

Curumilla hatte Wort gehalten; Dank seiner Für-sorge war die Colonne nicht beunruhigt worden.

VIII.

Vor der Schlacht.

Sobald man auf die Entfernung eines Kanonenschusses von der Hacienda gekommen war, gebot der Graf Halt!

— „De Laville," redete er den Capitain an, der an

seiner Seite marschirte, „dringen Sie vor, und besetzen
Sie die Hacienda del Milagro militairisch; wir wollen
unser Hauptquartier daselbst aufschlagen."

„Wozu solche Vorsichtsmaßregeln?" fragte Fröhlich,
„schenken Sie meinen Worten keinen Glauben? Don
Rafaël und die Seinen werden sich freuen Sie zu sehen,
und Sie mit offnen Armen empfangen."

Der Graf lächelte und neigte sich zu dem Canadier.

„Lieber Freund," flüsterte er ihm in's Ohr, „Sie
sind ein Kind, und wollen mich nicht verstehen. Ich
treffe die Maßregeln, welche Sie betrüben, nicht in
unserem, sondern im Interesse unserer Freunde. Gesetzt,
wir würden durch die Mexikaner geschlagen, was leider
keineswegs unmöglich ist, was wird dann geschehen?
Don Rafaël wird unbedingt für die Theilnahme büßen
müssen, die er uns erweist. Vermittelst meiner Maßregeln
aber weicht er nur der Uebermacht, und es wird den
mexikanischen Behörden, so gern sie es möchten, unmöglich sein, ihn wegen des Schutzes, den er uns gewährt
hat, zur Rechenschaft zu ziehen."

„Das ist wahr!" rief der Canadier aus, dem die
Richtigkeit der Bemerkung des Grafen einleuchtete.

„Um aber jedem Mißverständnisse vorzubeugen,"
fuhr der Graf fort, „bitte ich Sie, den Capitain zu
begleiten, und während er laut seine Befehle ertheilt,
werden Sie unseren Freunden ins Geheim meine Absicht
erklären."

Fünf Minuten später sprengte die kleine Truppe

im Galopp davon, während die übrige Colonne langsam
nachrückte.

Es geschah genau, wie es der Graf angeordnet
hatte. Don Rafaël, welchen Fröhlich gebührend unterrichtet hatte, protestirte laut gegen die gewaltsame
Besetzung seiner Hacienda, und fügte sich scheinbar
nur der Uebermacht. Die Besitzung wurde vollständig
occupirt und Don Rafaël stieg mit etlichen Dienern
auf's Pferd, um der nachrückenden Colonne entgegen-
zugehen.

Dieselbe machte, dem Befehle des Grafen gemäß,
nicht in der Hacienda Halt, sondern rückte weiter und
schlug ihr Lager erst zwei Stunden vor Hermosillo auf.

Der Graf und Don Rafaël begegneten sich nicht als
Fremde, sondern wie alte Freunde, die herzlich erfreut
sind sich zu treffen und sie traten, vertraulich miteinander flüsternd in die Hacienda.

Der Graf schickte, ehe er vom Pferde stieg,
Couriere und Kundschafter nach allen Richtungen aus,
um sichere Nachricht von der Stellung des Feindes zu
erlangen. Er behielt nur acht Reiter bei sich, und
schickte die Uebrigen nach dem Lager, worauf er in
die Hacienda trat.

Don Ramon, der Vater Don Rafaëls, und Dona
Luz, die liebenswürdige Frau, deren Erlebnisse wir in
einem früheren Werke mitgetheilt haben, erwarteten die
Ankunft der Franzosen, umgeben von ihren Dienern
an der Thür der Hacienda.

„Seien Sie willkommen, der Sie für die Befreiung

Sonoras kämpfen," sagte der General Don Ramon indem er dem Grafen die Hand reichte.

Letzterer sprang vom Pferde.

„Gebe Gott, daß ich so glücklich sei, als Sie es waren, General!" antwortete er mit einer Verbeugung.

Hierauf wandte er sich zu Dona Luz und sagte: „Verzeihen Sie mir, gnädige Frau, daß ich Sie in ihrer friedlichen Häuslichkeit störe; Sie haben meine Unbescheidenheit aber einzig und allein Ihrem Herrn Gemahl zu verdanken."

„Entschuldigen Sie sich nicht, Senor Condé," erwiederte sie lächelnd, „das Haus mit Allem was es enthält steht zu Ihrer Verfügung. Wir sahen Sie mit Freuden kommen, und werden Sie mit Bedauern gehen sehen."

Der Graf bot Dona Luz den Arm, worauf Beide in die Hacienda traten; der Graf war besorgt, und ließ seine Blicke unruhig umherschweifen.

„Geduld!" sagte Don Rafaël mit bedeutsamem Blicke zu seinem Gaste, „bald werden Sie sie sehen. Es wäre unvorsichtig gewesen, wenn Sie sich eher hätte vor Ihnen blicken lassen, wir haben sie daran verhindert."

„Ich danke Ihnen," sagte der Graf, dessen düstere Mienen sich aufgeheitert hatten.

Das Wiedersehen der Liebenden war, wie zu erwarten stand, ein zwar ruhiges, aber herzliches und tief empfundenes.

„Bald werden Ihre Sorgen überstanden sein,"

sagte Dona Luz, „und Sie werden sich dem leiden=
schaftlichen Drange Ihres Herzens rückhaltlos überlassen
können."

„Ja," antwortete der Graf nachdenklich, „der mor=
gende Tag wird wahrscheinlich über mein und meiner
Geliebten Schicksal entscheiden."

„Was wollen Sie damit sagen?" rief Don Rafaël aus.
Der Graf warf einen besorgten Blick um sich; da er
aber sah, daß die, welche ihn umgaben seine aufrichtigen
Freunde waren, und er reden konnte, sagte er:

„Morgen werde ich Hermosillo angreifen, und
entweder siegen, oder todt auf dem Platze bleiben."

Die Anwesenden sahen ihn bestürzt an.

Don Rafaël winkte dem schwarzen Hirsche, sich
vor die Thür zu stellen, um jede Störung zu verhüten,
und wandte sich dann zu dem Grafen mit der Frage:

„Ist das wirklich Ihre Absicht?"

„Würde ich sonst hier sein?" entgegnete er einfach.

„Aber," fuhr Don Rafaël dringender fort, „Her=
mosillo ist eine mit festen Mauern umgebene Stadt."

„Ich werde sie zerstören."

„Es befindet sich eine Garnison von zwölfhundert
Mann in derselben."

„So?" antwortete er gleichgültig.

„Die Bürgerwehr wird seit zwei Monaten täglich
eingeübt."

„Die Bürgerw... antwortete ... in verächtlichem
Tone, „ist sie we... s... ital..."

„Sie ist o... gefähr... tausend Mann stark."

„Das läßt sich hören."

„Der General Guerrero, der endlich gemerkt hat, daß er überlistet worden, hält die Stadt mit sechstausend Indianern besetzt, und erwartet fernere Verstärkungen."

„Gerade deshalb muß ich meinen Angriff sofort unternehmen, lieber Freund. Ihrer Berechnung nach stehen mir bereits elftausend Mann, hinter dem Schutze fester Mauern, entgegen; je länger ich zögere je größer wird die Zahl meiner Feinde, und wenn ich nicht auf meiner Hut bin," fügte er lachend hinzu, „wächst die Armee zu einer solchen Größe, daß es unmöglich sein wird sie zu vernichten."

„Ist es Ihnen denn auch bekannt, mein Freund, daß Hermosillo von sumpfigen Feldern umgeben ist, die es fast unmöglich machen, dicht heran zu kommen?"

„Ich denke auch durch die Thore einzuziehen, bester Freund, das glauben Sie gewiß."

Die Anwesenden blickten den Grafen mit einem Erstaunen an, das an Schrecken grenzte. Sie sahen sich einander fragend an und waren zweifelhaft ob nicht ein Verrückter vor ihnen säße.

„Verzeihung, lieber Freund," fuhr Don Rafaël fort, „haben Sie nicht gesagt, daß Sie Ihren Angriff morgen zu unternehmen gedenken?"

„Allerdings."

„Aber, wenn Ihre Mannschaft nicht eingetroffen ist?"

„Wie! Meine Leute sind doch da! Vor kaum einer Stunde zogen sie ja an der Hacienda vorüber; haben Sie sie nicht gesehen?"

„Ja, ich habe allerdings eine kleine Truppe vorbei defiliren sehen, und vermuthe, daß es Ihr Vortrab war."

„Mein Vortrab!" rief der Graf lachend aus; „nein, lieber Freund, jene kleine Truppe ist meine ganze Armee."

Don Rafaël, Don Ramon, und die übrigen Männer der Gesellschaft, wußten gewiß was Muth heißt; denn sie hatten unzählige Mal wahre Titanenkämpfe mit einem zehn Mal überlegenem Feinde bestanden und Beweise der größten Tollkühnheit und Verwegenheit gegeben; aber der Einfall des Grafen, mit einer Hand- voll Leute eine Stadt erobern zu wollen, welche von elftausend Mann vertheidigt wurde, kam ihnen so uner- hört unglaublich vor, daß sie eine Weile stumm und mit starren Blicken da saßen und nicht wußten ob sie wachten oder träumten.

„Sagen Sie mir doch, bester Freund," rief Don Rafaël endlich aus, nachdem er alle seine Einwendungen erschöpft hatte, „wie viel Mann können Sie denn in's Feld stellen?"

„Nicht viel, das ist wahr," sagte der Graf lächelnd. „Ich habe etliche Kranke, doch kann ich über zweihundert und funfzig Mann verfügen, und hoffe, daß es genug sein wird."

„Ja," rief Dona Angela begeistert aus, „das wird gewiß genug sein, denn es gilt einer heiligen Sache, und Gott wird Euch beistehen."

„Don Rafaël," fügte der Graf gutmüthig hinzu, „haben Sie je von der furia francese reden hören?"

„Ja, geſtehe aber daß ich keinen klaren Begriff habe, was das Wort bedeutet."

„Nun," verſetzte Jener, „ſo warten Sie bis morgen; wenn Sie geſehen haben werden, wie die gewaltige Armee vernichtet, verſtreut und auseinander geſtoben ſein wird wie herbſtliches Laub, und dem Falle von Hermoſillo beigewohnt haben, werden Sie wiſſen was die furia francese iſt, und die unzähligen Helden= thaten begreifen, welche die Geſchichte aufbewahrt, und die faſt ſpielend durch die Franzoſen vollbracht werden."

Hier endete die Unterhaltung, und man begab ſich in den Speiſeſaal, wo der Graf die Erfriſchungen fand, deren er ſo dringend bedurfte.

Nach aufgehobener Tafel bat der Graf um die Erlaubniß, ſich auf ſein Zimmer zurückziehen zu können, und bat den Pater Seraphin, ihn zu begleiten.

Beide blieben lange Zeit mit einander eingeſchloſſen und flüſterten zuſammen.

Als der Miſſionair herauskam, waren ſeine Augen von Thränen geröthet, deren Spuren auch auf ſeinen bleichen Wangen zu erkennen waren.

Der Graf drückte ihm die Hand.

„Alſo," ſagte er zu ihm, „für den Fall eines Unglückes . . . . ."

„Werde ich da ſein, Graf, verlaſſen Sie ſich auf mich;" bei dieſen Worten entfernte ſich Pater Seraphin langſamen Schrittes. Der Graf nahm an dem Abend, bis tief in die Nacht hinein die Berichte ſeiner Kund=

schafter entgegen; die Nachrichten derselben stimmten vollkommen mit den Angaben Don Rafaëls überein."

Der General Guerrero war nach Hermosillo geeilt, wo er sich gut verschanzt hatte.

Valentin und Curumilla erschienen zuletzt; sie brachten keine böse Kunde.

Valentin hatte, auf den Rath Curumillas, mit einer Anzahl Fourrageuren den Weg nach Guaymas eingeschlagen, und einen Transport Lebensmittel und Munition erbeutet, der für die Mexikaner bestimmt war. Der Jäger hatte dafür gesorgt, daß der ziemlich ansehnliche Zug nach dem Lager gebracht werde, wo ihn die Franzosen mit Freuden aufnahmen, denn ihre Vorräthe waren, wie bereits gesagt, vollständig erschöpft.

Der Capitain de Laville hatte seinerseits vier bis fünf feindliche Patrouillen eingefangen, die sich unbesonnener Weise zu weit vorgewagt hatten.

Der Graf schickte Curumilla mit dem Befehle an den Capitain ab, die Dunkelheit der mondleeren Nacht zu benutzen, um vorzurücken und die Vorposten bis auf eine und eine halbe Kanonenschußweite von der Stadt aufzustellen.

Als er sich mit Valentin allein sah, breitete er einen Plan von Hermosillo auf dem Tische aus und Beide begannen denselben emsig zu studiren.

Wir haben Hermosillo schon öfters beschrieben, und begnügen uns daher jetzt damit, zu bemerken, daß das Sumpfland, welches die Stadt umgab von Mauern eingefaßt ist, hinter welchen man leicht Tirailleure auf-

stellen kann, welchen das Terrain gestattet, sich, von
Posten zu Posten kämpfend zurückzuziehen, ohne den
Schutz der Mauern zu verlassen, die ohngefähr zwei
Ellen dick und aus gestampfter Erde errichtet sind.

Außerdem bildete von der Seite, von welcher der
Graf anrückte ein tiefer Graben, der nur durch eine
Brücke zu überschreiten war, die wahrscheinlich von
einer starken Wache besetzt worden, einen fast unüber-
steiglichen Gürtel um die Stadt.

Wie man aus dem Gesagten sieht, ist Hermosillo
keineswegs eine offne Stadt, die man im Nu über-
rumpeln kann, und wenn es dem Grafen von Prébois-
Crancé gelang sie mit zweihundertundfunfzig Mann
zu erstürmen, so konnte er sich mit Recht rühmen, eine
der glänzendsten Waffenthaten der Neuzeit vollbracht
zu haben.

Nach der Aussage der Kundschafter legte der
General Guerrero und die unter seinem Befehle stehenden
mexikanischen Officiere die tiefste Verachtung gegen die
zerlumpten Franzosen, wie sie ihre Feinde nannten, an
den Tag, und nahmen sich vor ihnen eine so derbe
Lehre zu geben, daß es ihnen nicht so bald einfallen
sollte, von Neuem anzufangen.

Curumilla hatte indessen dem Grafen eine Nachricht hinterbracht, die ihn mit Hoffnung erfüllte. Obwohl der General Guerrero die gewaltigsten Maßregeln
gegen die französische Compagnie ergriffen hatte, war
er doch durch die plötzliche Nachricht, von dem Vorrücken derselben auf Hermosillo und der verwegnen Art,

wie seine Vorposten umgangen worden, dermaßen über=
rascht, daß er in seiner Eile, der bedrohten Stadt zu
Hülfe zu kommen, gezwungen gewesen, den größten
Theil seiner Mannschaft zurückzulassen, und in der That
nur zwölf bis funfzehnhundert Mann Besatzung in der
Stadt hatte. Es war freilich immer noch eine ganz
ansehnliche Macht, erreichte aber bei Weitem nicht die
Zahl, welche man gefürchtet hatte vorzufinden.

Curumilla hatte sich ganz friedlich in die Stadt
begeben, was ihm in seiner Eigenschaft als Indianer
gelungen war, und er hatte Alles gesehen und beobachtet.
Der Araucanische Häuptling brachte Don Louis diese
Nachricht, als er kam um ihm wegen der Vollziehung
der Befehle Bericht zu erstatten, die er dem Capitain
de Laville zu überbringen gehabt.

Der Graf und der Jäger rieben sich vergnügt die
Hände und eilten, ihre letzten Vorbereitungen zu beenden.
Unter den Hacienderos, welche der Conferenz in la
Magdalena beiwohnten, befand sich einer der in den
Pueblos ein großes Ansehen genoß. Er hatte dem
Grafen, im Namen seiner Landsleute die Versicherung
gegeben, daß, sobald sich eine wichtige Stadt in den
Händen der Franzosen befinde, das Zeichen zum Auf=
stande gegeben sei, und das Volk binnen wenigen
Tagen bereit sein werde, einen entscheidenden Gegen=
streich zu führen.

Don Louis wollte, in der Voraussicht seines
Sieges keinen Augenblick verlieren, sondern schrieb ihm,
um ihm die Einnahme Hermosillos zu melden, und

ihn an sein Versprechen, ihm beizustehen, und den Aufstand im Volke zu proklamiren, zu mahnen.

Wir erwähnen diesen Umstand, um zu beweisen, wie überzeugt der Graf von seinem Siege war, und wie klug er mit der Voraussicht, die nur genialen Naturen eigen ist, Alles vorher bedachte.

Nachdem der Brief geschrieben, und einige letzte Vorbereitungen beendet waren, verließen der Graf und Valentin das Zimmer.

Es war ohngefähr zwei Uhr Morgens; der Himmel war finster, und von der Wüste her blies ein warmer Wind, und beugte die belaubten Gipfel der Bäume.

Die beiden Milchbrüder stiegen in den Patio hinunter. Sämmtliche Bewohner der Hacienba waren daselbst versammelt, um den Grafen vor seiner Abreise zu begrüßen.

Dona Angela glich in ihrem weißen Gewande, mit dem aufgelösten Haar, den bleichen Zügen und den thränenfeuchten Augen, beim düsteren Scheine der Fackeln, welche die Peonen in den Händen trugen, einer Geistererscheinung.

Das Gefolge saß im Sattel und wartete unbeweglich; Curumilla führte die Pferde der beiden Franzosen am Zügel.

Als sie kamen, entblößten Alle ihr Haupt, und grüßten sie mit tiefer, ehrerbietiger Verneigung.

„Auf Wiedersehen, Don Louis!" sagte Don Rafaël. „Möge Ihnen Gott den Sieg verleihen!"

„Gott gebe Ihnen Gelingen," fügte Don Ramon

hinzu, „denn Sie kämpfen für die Unabhängigkeit des Volkes."

„Gewiß sind nie brünstigere Gebete zum Himmel gesendet worden, als die wir für Sie, edler Don Louis, zu Gott schicken werden," sagte Dona Luz.

Der Graf fühlte sich beklommen.

„Ich danke Ihnen Allen," sagte er in bewegtem Tone; „Ihre Theilnahme thut mir wohl, denn sie beweiset mir, daß einige von den Sonoranern das große Ziel begreifen, welches ich mir gesteckt habe. Nochmals Dank!"

Dona Angela trat zu dem Grafen.

„Don Louis," sagte sie, „ich liebe Dich; thue Deine Pflicht."

Der Graf neigte sich zu ihr, und drückte einen Kuß auf ihre bleiche Stirn.

„Dona Angela, meine Braut," sprach er mit unaussprechlich zärtlichem Ausdrucke, „Du siehst mich nur als Sieger oder todt wieder."

Er schickte sich an aufzubrechen. In dem Augenblicke gesellte sich Pater Seraphin zu ihm.

„Wie?" fragte er verwundert, „wollen Sie mich begleiten, mein Vater?"

„Herr Graf," antwortete der Missionair mit der engelhaften Demuth, die den Grundzug seines Charakters bildete, „ich folge meiner Pflicht, und gehe dahin wo es Traurige zu trösten und Unglückliche zu unterstützen giebt, erlauben Sie mir Ihnen zu folgen."

Louis drückte ihm stillschweigend die Hand, und

nachdem er den Freunden, die er vielleicht nicht wiedersehen sollte, ein letztes Lebewohl zugewinkt hatte, gab
er das Zeichen zum Aufbruche, worauf sich der Zug in
Bewegung setzte, und bald im Dunkel der Nacht verschwunden war.

Dona Angela blieb starr und regungslos auf der
Schwelle der Thür stehen, so lange sie noch den Huf-
schlag der Pferde vernehmen konnte; als endlich jeder
Laut erstorben war, entrang sich ein herzzerreißender
Seufzer ihrer Brust.

„Mein Gott! mein Gott!" rief sie mit gen Himmel
erhobenen Händen, verzweiflungsvoll aus.

Sie stürzte hierauf rücklings zu Boden.

Sie war ohnmächtig.

Dona Luz und Don Rafaël eilten herbei, ihr
beizustehen, trugen sie in die Hacienda und widmeten
ihr die liebevollste Pflege.

Fröhlich schüttelte wiederholt mit dem Kopfe und
war im Begriff, die Thore der Hacienda zu schließen,
als plötzlich eine Stimme neben ihm sagte:

„Noch nicht, laßt uns erst hinaus."

„Was!" sagte er, „wo wollt Ihr denn jetzt hin,
schwarzer Hirsch?"

„Ich bin eben auch so zu sagen ein Franzose,"
sagte der Jäger, „da ich ein Canadier bin, und ich will
meinen Landsleuten ein wenig helfen."

„Wahrhaftig!" rief Fröhlich, von den Worten
überrascht aus, „das ist ein guter Einfall! Ihr sollt
aber bei Gott! nicht allein gehen — ich gehe mit!"

„Desto besser, so sind wir zu Drei."

„Wie so Drei, wer kommt denn noch?"

„Wer anders als Adlerkopf? Der Häuptling sagt daß Feinde seines Volkes in der Stadt wären, und will sich mit ihnen messen."

„Auf, denn! Der Graf wird jedenfalls nicht böse sein, drei solche Kämpfer wie wir, bei seiner Truppe zu haben."

„Das versteht sich!" rief Fröhlich aus."

„Man muß doch, trotz Allem gestehen," bemerkte der schwarze Hirsch, „daß der Graf ein ganzer Kerl ist! Ihr versteht Euch doch auch darauf, habe ich nicht Recht?"

„Sehr richtig!" antwortete der Canadier lakonisch.

Die drei beherzten Jäger schwangen sich, ohne weitere Bemerkungen, in den Sattel und eilten dem Grafen nach.

IX.

Die Einnahme von Hermosillo.

Obwohl das Gefolge des Grafen ganz gut beritten war, gelang es den Jägern doch, mit ihren feurigen Mustangs, Don Louis zwanzig Minuten nach seiner Abreise von der Hacienda einzuholen.

Als die Franzosen den eiligen Tritt der Pferde hinter sich vernahmen, schwenkten sie, da sie nicht wußten wer ihnen wie ein Sturmwind nachgejagt kam, um;

Fröhlich gab sich aber sofort zu erkennen, um jedem Mißverständnisse zuvorzukommen.

„Seid mir willkommen Fröhlich, nebst Euren Begleitern," sagte der Graf; „aus welchem Grunde treibt Ihr Euch denn noch so spät auf der Landstraße umher?"

„Wir wollen Sie um einen Gefallen bitten," antwortete der Canadier offen. —

„Einen Gefallen? Reden Sie lieber Freund, was es auch sein möge, gestehe ich es im Voraus zu, wenn es nämlich von mir abhängt."

„Was ich wünsche hängt von Ihnen ab."

„Was ist es denn?"

„Meine Begleiter und ich bitten um die Ehre neben Ihnen kämpfen zu dürfen."

„Ist das der Gefallen, welchen Sie erbitten wollen, Fröhlich?"

„Ja, nichts Anderes."

„Dann haben Sie sich falsch ausgedrückt, lieber Freund; Sie wollen sagen, daß Sie mir einen Dienst erweisen wollen. Ich nehme Ihren Vorschlag vom Herzen gern an, und danke Ihnen aufrichtig dafür."

„Abgemacht also, und wir sind in Ihre Reihen aufgenommen?"

„Ich müßte wahrhaftig von Sinnen sein, wenn ich es nicht thäte!"

Fröhlich theilte seinen Freunden die Gewährung ihrer Bitte mit, worüber sie sich so freuten, als ob man ihnen das Schönste auf der Welt gegeben hätte.

Nach diesem kleinen Abenteuer setzte die Truppe ihren Weg mit den drei neu angeworbenen Rekruten fort.

Die Franzosen schlüpften wie eine Geisterschaar im Dunkeln weiter. Ueber den Hals ihrer Pferde gebeugt, lauschten sie aufmerksam auf die Laute der Wildniß, und suchten die Dunkelheit zu durchdringen um ein Anzeichen wahrzunehmen, was ihnen die Nähe ihrer Cameraden verkündete.

Obgleich der Capitáin de Laville noch sehr jung war, schien es doch, als ob er für die Rolle, welche er gegenwärtig spielte auserwählt wäre. Sein Blick war sowohl als Anführer wie als untergebner Officier unfehlbar; er begriff nicht nur die Befehle welche er erhielt, mit bewunderungswürdiger Leichtigkeit, sondern faßte den Zweck derselben auf, und führte sie mit seltenem Verständnisse aus.

Der Graf von Prébois-Crancé hatte die glänzenden Gaben de Lavilles keinen Augenblick verkannt, sondern ihn zu seinem Lieblinge erkoren, und so oft er einen besonders schwierigen Auftrag hatte, wurde er mit demselben betraut, denn Don Louis war überzeugt, daß ihn kein Anderer so ehrenvoll erfüllen könne.

In gegenwärtigem Falle übertraf das Resultat alle seine Erwartungen, denn de Laville bewerkstelligte das befohlene Vorrücken mit so großer Pünktlichkeit und unter so tiefem Schweigen, daß der Graf den Nachtrab fast berührte, als er noch gar nicht ahnte, daß er so nahe sei. Der Capitain hatte behufs eines leichteren und schnelleren Fortkommens, die Bagagewagen ohnge-

fähr eine Stunde vor der Stadt zurückgelassen, wo
sie in einem unbewohnten Rancho unter dem Schuße
der Kranken geblieben waren, die zwar nicht im Stande
waren, in den Reihen der Compagnie zu fechten, aber
hinter dem Schuße von Mauern doch lange genug
Widerstand zu leisten vermochten, bis ihre Cameraden
zu Hülfe herbeikommen konnten.

Der Graf durchritt die Reihen, unter den herzlichen Grüßen seiner Cameraden, und stellte sich an die
Spitze der Truppe.

Die Anstrengungen und fortwährende Spannung
welche die letzten zwei Monate dem Grafen gebracht,
hatten seine Gesundheit sehr angegriffen, und es gelang
ihm nur mit Aufbietung seiner ganzen Kraft und
Energie, sich aufrecht zu erhalten, und sein Kranksein
zu bekämpfen. Er sah ein, daß Alles verloren sei,
wenn er ermatte. Er stemmte sich daher gegen den
Schmerz, und zeigte, obgleich ihn innerlich das Fieber
verzehrte, stets eine ruhige Miene, und verrieth seinen
Cameraden durch keine Geberde die Leiden, welche er
mit heldenmüthiger Standhaftigkeit ertrug.

Er fühlte aber plötzlich eine solche Anwandlung
von Hinfälligkeit, daß er vom Pferde gestürzt sein
würde, wenn ihn nicht Valentin, der seinen Zustand
errieth und mit ernsthaft mütterlicher Sorge über ihm
wachte, in seinen Armen aufgefangen hätte.

„Was ist Dir, Bruder?“ fragte der Jäger liebevoll.

„Nichts,“ antwortete Jener, indem er mit der

Hand über seine mit kaltem Schweiße bedeckte Stirn strich; „jetzt," fügte er hinzu, „ist es vorüber."

„Nimm Dich in Acht Bruder," erwiederte Valentin mit besorgtem Kopfschütteln, „Du achtest nicht genug auf Dich."

„Kann ich es denn? Aber sei unbesorgt, ich weiß schon was mir fehlt, und der Dampf des Pulvers wird mich herstellen. Sieh, sieh! Wir sind endlich am Ziele!"

In der That stieg Hermosillo bei den Strahlen der aufgehenden Sonne ohngefähr auf Kanonenschußweite vor ihnen auf, und ließ seine weißen Häuser im Lichte erglänzen.

Die gesammte Compagnie begrüßte den heißersehnten Anblick mit lautem Freudengeschrei.

Es wurde Halt befohlen.

Die Stadt war still; sie schien berödet, denn kein Laut erhob sich hinter ihren Mauern. Alles war so stumm, ruhig und todt, daß man hätte glauben können jene Stadt aus Tausend und einer Nacht vor sich zu haben, welche ein böser Zauberer in ewigen Schlaf versetzt hat.

Die Gegend war öde; nur einige Bruchstücke von Waffen, Uniformen und Sandalen, sowie Geleise der Wagenräder verriethen, daß die Truppen des Generals Guerrero vor Kurzem vorübergezogen seien.

Der Graf musterte eine Zeit lang die Stadt sehr sorgfältig um seine letzten Maßregeln zu ergreifen.

Plötzlich erschienen zwei Reiter am Eingange der früher erwähnten Brücke, und ritten auf die Compagnie zu, indem sie Friedensfahnen schwangen.

„Laßt hören, was die Leute wollen," sagte der Graf. Bei diesen Worten ritt er ihnen entgegen.

„Was wollen Sie, meine Herren, und wer sind Sie?" fragte er, als er sie erreicht hatte.

„Wir wünschen mit dem Grafen von Prébois-Crancé zu sprechen," sagte einer der Reiter.

„Ich bin der Graf von Prébois = Crancé; sagen Sie mir was Sie herführt."

„Ich bin ein Franzose, mein Herr Graf," sagte der Erste.

„Ich erkenne Sie mein Herr. Ihr Name ist, wie ich glaube, Thollus und Sie sind Kaufmann in Hermosillo."

„Ganz recht, Herr Graf. Mein Begleiter ist der Senor."

„Don Sacinto Sabali (Eber) ein juez de litras, glaube ich, oder etwas Aehnliches, und treuer Freund des Generals Guerreros. Nun meine Herren, ich gestehe, daß ich nicht recht begreife, was wir miteinander zu reden haben könnten."

„Verzeihung, Herr Graf; der Senor Don Flavio Asustado, Präfekt von Hermosillo, schickt uns zu Ihnen, um Ihnen Vorschläge zu machen."

„So, so!" sagte der Graf auf seinen Bart beißend, „wirklich?"

„Ja Herr Graf, und zwar sehr vortheilhafte Vorschläge," fuhr der Kaufmann in einschmeichelndem Tone fort.

„Vielleicht für Sie mein Herr, der Sie mit Kattun und falschem Schmucke handeln, für mich aber schwerlich."

„Geſtatten Sie mir doch,„ meinen Auftrag auszurichten, und Ihnen beſagte Vorſchläge vorzutragen, vielleicht daß . . . ."

„Recht gern, Beſter, ich bin ja vollkommen ein-
verſtanden damit; richten Sie immerhin Ihren Auftrag
aus, das iſt nicht mehr wie billig; nur bitte ich, ſich
zu beeilen, denn ich habe wenig Zeit."

Herr Thollus richtete ſich empor, und nachdem er
ſich mit ſeinem Begleiter kurze Zeit berathen hatte, redete
er folgendermaßen zu Don Louis, der kalt und ge-
meſſen vor ihm ſtand:

„Herr Graf, Don Flavio de Aſuſtado, welchen zu
vertreten ich die Ehre habe . . . ."

„Das wiſſen wir bereits, zur Sache!" unterbrach
ihn Don Louis ungeduldig.

„Bietet Ihnen für den Fall, daß Sie ſich mit
Ihrer Truppe entfernen, ohne die Stadt zu beunruhigen,
an," fuhr der Kaufmann fort, „Ihnen eine Summe
von . . . ."

„Genug, mein Herr!" fiel ihm der Graf ins Wort,
während die Röthe der Entrüſtung auf ſeinen Wangen
brannte. „Wenn Sie noch ein Wort ſagten, würden
Sie eine Beleidigung ausſprechen, die ich trotz Ihrer
Eigenſchaft als Parlementair nicht ungeſtraft laſſen
könnte. Hat ein Mann wie Sie, der den franzöſiſchen
Namen führt, die Stirn einen ſo entehrenden Auftrag
zu übernehmen? Sie lügen, wenn Sie ſagen, daß Sie
mein Landsmann ſind. Ich verleugne Sie als ſolchen."

„Aber, Herr Graf . . . . .," ſtotterte der arme

Teufel, der über die derbe Zurechtweisung ganz bestürzt war, und nicht wußte, was er dazu sagen sollte.

„Genug," unterbrach ihn der Graf; hierauf zog er die Uhr aus der Tasche, und fuhr in gebieterischem Tone, der keinen Widerspruch duldete fort: „Sehen Sie, es ist jetzt acht Uhr. Gehen Sie zu Ihrem Präfecten und sagen Sie ihm, daß ich in zwei Stunden die Stadt angreifen, und um elf Uhr in derselben einziehen werde. Gehen Sie!" Er befahl ihnen hierauf mit einer Ge= berde der tiefsten Verachtung, sich zu entfernen.

Die unglücklichen Gesandten ließen es sich nicht zwei Mal sagen; sie wendeten ihre Pferde und kehrten sehr niedergeschlagen heim.

Der Graf sprengte zurück an die Spitze seiner Truppe. Die Officiere waren vor den in einer Reihe aufgestellten Soldaten versammelt und erwarteten das Resultat der Conferenz mit Ungeduld.

„Meine Herren," sagte der Graf zurückkehrend, „halten wir uns bereit, uns zu schlagen."

Diese Worte wurden mit lautem Jubel begrüßt, der die Parlamentaire veranlaßte ihre Schritte noch mehr zu beschleunigen, denn das Freudengeschrei klang ihnen wie ein Todtenlied.

Der Graf wies hierauf Jedem mit bewunderns= würdiger Umsicht und Klarheit seinen Posten an, wo er, während des Kampfes bleiben sollte. Die sämmtliche Reiterei wurde unter den Befehl des Capitains de Laville gestellt; Don Cornelio, der erst am vorhergehenden Abend wieder eingetroffen war, sollte Adjutanten Dienste bei

ihm versehen und Valentin erhielt auf seinem Wunsch
den Befehl über die kanadischen Jäger und die Indianer
mit der Befugniß so zu handeln, wie er es für das
allgemeine Beste am angemessensten halte.

De Laville wurde mit ohngefähr zehn Reitern auf
Kundschaft ausgeschickt.

Er kam bald zurück und berichtete daß die Stadt
in vollkommnem Vertheidigungszustande zu sein scheine,
daß die Dächer anfingen, sich mit Soldaten anzufüllen;
mit allen Glocken der Stadt Sturm geläutet werde
und die Trommeln ein furchtbares Getöse machten.

In dem Augenblicke meldete ein Spion, daß die
Bagagewagen von einer Truppe von dreihundert In=
dianern bedroht zu werden schienen. Der Graf schickte
sofort zehn Mann als Verstärkung für die kleine Be=
satzung, welche er zurückgelassen hatte, ab.

Nachdem dieser letzten Pflicht genügt worden, be=
fahl er den Kreis zu schließen, in dessen Mitte er sich
stellte, und mit bewegter Stimme sprach wie folgt:

„Cameraden! die Stunde hat endlich geschlagen,
wo wir uns für alle Kränkungen und schändlichen Ver=
leumdungen, deren Opfer wir seit zwei Monaten waren,
rächen werden! Vergessen wir aber nicht, daß wir Fran=
zosen sind und seien wir nach erfochtenem Siege eben
so großmüthig als wir gegen die Kränkungen geduldig
gewesen sind. Nicht wir haben den Krieg gewollt; da
man uns aber zu demselben zwingt, wollen wir ihn
ertragen. Vergessen wir auch nicht, daß wir für die
Befreiung eines Volkes kämpfen, und daß unsere heutigen

Gegner, morgen unsere Brüder sein werden. Wir wollen
furchtbar im Kampfe aber sanft nach demselben sein.
Nun noch ein Wort, vielmehr eine letzte Bitte: überlaßt
den Mexikanern die Verantwortlichkeit des ersten Schusses,
damit es offenbar sei, daß wir bis zuletzt den Frieden
gewünscht haben. Auf, Ihr Brüder und es lebe
Frankreich!"

„Es lebe Frankreich!" riefen die Abenteurer, ihre
Waffen schwingend.

„Jedermann auf seinen Posten!" befahl der Graf.
Der Befehl wurde mit bewunderungswürdiger Pünktlichkeit befolgt.

Don Louis zog seine Uhr; es war zehn Uhr. Da
zog er seinen Säbel, schwang ihn über seinem Kopfe,
wandte sich zu der Compagnie, welche die Augen auf
ihn gerichtet hatte, und rief mit helltönender Stimme:

„Vorwärts!"

„Vorwärts!" wiederholten die Officiere.

Die Colonne setzte sich mit der größten Ordnung in
Bewegung und rückte mit dem Gewehre im Arme im
Sturmschritte an.

Wir haben schon früher die Brücke erwähnt, welche
allein zu der Stadt führte; dieselbe war verbarrikadirt
worden und wurde von einem Hause aus vertheidigt,
das von dem Keller bis zu dem Dache mit Soldaten
vollgestopft war.

Todtenstille herrschte rings umher; die Franzosen
marschirten so gelassen, aufrecht, und zuversichtlich heran,
als ginge es zu einer Parade.

Sobald sie in Flintenschußweite gekommen waren, flammten die Mauern wie ein feuriger Gürtel, und ein furchtbarer Kugelregen lichtete die Reihen der Franzosen.

Die Compagnie zerstreute sich sofort in einzelne Tirailleure und kam im Sturmschritte heran.

Nun entwickelte sich der unglaubliche, unerhörte Kampf zwischen den zwölftausend Bewohnern einer mit festen Mauern umgebenen Stadt, und zweihundert und funfzig Mann die in indianischer Ordnung, das heißt Einer hinter dem Anderen standen.

Die Geschütze wurden von den Artilleristen eigenhändig gezogen und hielten Schritt mit der Mannschaft. Sie hielten nur an um zu schießen und zu laden.

Ehe die Mexikaner sich besinnen konnten, stürmten die Franzosen wie ein Wirbelwind auf sie ein, griffen sie mit der blanken Waffe an, vertrieben die Vertheidiger der Brücke, welche sie besetzten, und zogen unaufhaltsam in die Stadt ein, und trieben Alles was ihnen in den Weg kam mit unwiderstehlicher Gewalt vor sich her.

Jetzt begann die eigentliche Schlacht. Die Franzosen sahen vier, mit Kartätschen geladne Kanonen gegen sich gerichtet, welche die Straße, in welcher sie sich befanden, in ihrer ganzen Länge bestrichen, während rechts und links aus den Fenstern der Häuser ein Kugelregen auf sie niederprasselte.

Die Lage fing an bedenklich zu werden. Der Graf sprang vom Pferde, wandte sich zu seinen Soldaten und rief ihnen, indem er voraneilte, zu:

„Wer nimmt die Kanonen?"

„Wir! wir!" brüllten die Franzosen, indem sie ihm mit beispiellosem Feuer folgten.

Die Artilleristen wurden neben ihren Kanonen niedergehauen, und die Mündung derselben sofort gegen die Mexikaner gewendet.

In dem Augenblicke erblickte der Graf Valentin und seine Jäger, von einer Rauchwolke umgeben, die sich wie Teufel schlugen, und die Indianer welche vergebens versuchten, ihnen Widerstand zu leisten, unbarmherzig niedermetzelten.

„Mein Gott!" rief der schwarze Hirsch bei jedem Säbelhiebe voll Salbung aus, „welch' ein guter Einfall war es doch von mir, daß ich gekommen bin!"

„Der Einfall war nicht übel!" versetzte Fröhlich und hieb mit verdoppeltem Eifer um sich.

Valentin hatte die Stadt umschlichen, und sich einer stehen gelassenen Leiter bedient, um die Mauer zu erklettern und den dort aufgestellten, unter dem Befehle eines Officiers, stehenden Posten, ohne Schwerdtstreich gefangen zu nehmen.

„Schön Dank für die Leiter, Camerad!" rief er Letzterem hohnlachend zu, worauf er die Thore der Stadt öffnete und die französische Reiterei einließ.

Die Mexikaner schlugen sich indessen mit verzweifeltem Muthe.

Der General Guerrero, der den Franzosen eine so derbe Lehre hatte geben wollen, war von dem Muth derselben so überrascht und bestürzt, daß er nicht wußte was er thun solle, um dem unaufhaltsamen Vordringen

jener unüberwindlichen Teufel, wie er sie nannte, Ein-
halt zu thun. Nichts konnte sie abschrecken, und statt
das Feuer der Feinde zu erwiedern, kämpften sie seit
ihrer ersten Salve nur noch mit der blanken Waffe.

Da sich der General überall geschlagen sah, sam-
melte er seine Leute auf der Alameda, deren Zugänge
er mit Kanonen besetzen ließ, die mit Kartätschen ge-
laden waren.

Die Mexikaner waren trotz der starken Verluste,
welche sie erlitten hatten, noch gegen sechshundert Mann
stark, die sämmtlich entschlossen waren sich bis auf den
letzten Blutstropfen zu vertheidigen.

Der Graf schickte Don Cornelio mit dem Befehle
an den Capitain de Laville, die letzten Vertheidiger der
Stadt niederzuhauen und zu schießen, während er mit
der Cavallerie und Infanterie eine andere Schwenkung
unternahm.

Der Capitain sprengte sofort mit verhängtem Zügel
davon, und stieß mit der Brust seines Pferdes alle Hindernisse um, auf welche er traf. Sein Lauf war so
rasch gewesen, daß er allein vor dem Feinde ankam.

Die Mexikaner waren über die unerhörte Verwegenheit jenes Mannes so betroffen, daß sie einen Augenblick
unschlüssig waren; doch begannen sie auf den wiederholten Befehl ihres Anführers, auf de Laville zu feuern,
der ihnen Hohn zu bieten schien und die Kugeln pfiffen
wie Hagelkörner um die Ohren des unerschrockenen Franzosen, der ruhig und gefaßt im Feuer stehen blieb.

Valentin erschrak über die Tollkühnheit des Capitains

und rückte mit verdoppelter Eile an der Spitze der Reiterei heran.

„Was Teufel, de Laville!" rief er ihm bewundernd entgegen, „was thun Sie denn da?"

„Ich erwarte Sie, wie Sie sehen," antwortete er mit liebenswürdiger Unbefangenheit.

Die Franzosen fühlten sich von den großherzigen Worten so begeistert, daß sie auf die Alameda einstürmten und unter dem Jubelrufe: Es lebe Frankreich! eine mörderische Salve auf die Feinde feuerten? Die Infanterie des Grafen beantwortete den Ruf von der anderen Seite der Alameda indem sie mit dem Bajonette auf den Feind losging.

Es entstand ein kurzer aber furchtbarer, verzweiflungsvoller Kampf.

Der Graf stand im dichtesten Gewühle und schlug sich wie der geringste seiner Soldaten, indem er die Leute fortwährend anfeuerte und immer weiter vordrang. Endlich sahen sich die Mexikaner trotz ihres verzweifelten Widerstandes gezwungen vor den unbarmherzigen Streichen der Franzosen, welchen sie keinen ernsten Widerstand entgegenzusetzen vermochten, und deren verwegener Muth sie mit Schrecken erfüllte und ihnen so übernatürlich vorkam, daß sie sie für Teufel hielten, zu weichen und bald flohen sie nach allen Richtungen.

Trotz der Müdigkeit der Pferde, verfolgte de Laville die Flüchtlinge an der Spitze der Reiterei.

Hermosillo war erobert, der Graf von Prébois-Crancé hatte gesiegt.

Er hielt mitten unter den Leichen, die um ihm her aufgehäuft waren inne, und zog gelassen seine Uhr.

Es war elf Uhr.

Er hatte seinen am selben Morgen gegen die Parlamentaire ausgesprochenen Entschluß pünktlich vollbracht und war Punkt elf Uhr Herr der Stadt.

Der Kampf hatte eine Stunde gedauert.

„Jetzt ist die Stadt unser, meine Brüder!" sagte der Graf, indem er seinen Säbel in die Scheide steckte. „Es ist Blut genug geflossen, stehen wir jetzt den Verwundeten bei. Es lebe Frankreich!"

„Es lebe Frankreich!" jubelten die Abenteurer mit ausgelassener Freude.

X.

Nach dem Siege.

Noch nie war ein glänzenderer Sieg erfochten worden, noch nie hatte eine so kleine Truppe und unter scheinbar so ungünstigen Umständen das Feld behauptet.

Die mexikanische Armee entfloh in der größten Verwirrung aus Hermosillo, und hinterließ dreihundert Todte und Verwundete, Bagage aller Art, Kanonen, Munition und Fahnen; die Niederlage war vollständig.

Der General Guerrero sprengte mit der Röthe der Scham auf den Wangen und dem bittersten Grolle im

Herzen mit verhängtem Zügel nach Urès und die fran-
zöſiſche Reiterei jagte ihm mit gezogenen Säbeln nach.

Der Jubel der Abenteurer kannte keine Grenzen;
indeſſen war der glänzende Sieg nicht ohne ſchwere Ver-
luſte errungen worden, und die Zahl der Armee war
bedeutend zuſammengeſchmolzen. Die Franzoſen zählten
zweiundzwanzig Todte, welche verhältnißmäßig ungeheure
Zahl bewies, mit welcher Erbitterung ſich die Mexikaner
geſchlagen hatten.

Der Graf betrauerte unter den Todten mehre ſeiner
liebſten Officiere die an der Spitze ihrer Leute, welche
ſie mit ſich fortgeriſſen hatten, gefallen waren.

Der Graf ſelbſt hatte, trotzdem ſeine Kleider von
den Kugeln ganz durchlöchert waren, keine Verletzung
erhalten. Faſt hätte man glauben können, daß er
unverwundbar ſei, denn er hatte ſein Leben weniger
geachtet, als irgend Einer. Stets hatte er im dichteſten
Gewühle geſtanden, war ſtets der Erſte von allen ſeinen
wackeren Cameraden geweſen; und hatte dieſelben mit
Worten und Geberden angefeuert und es verſchmäht
ſeinen Säbel anders zu gebrauchen als um die Streiche
abzuwehren welche nach ihm geführt wurden. Er
hatte ſich zugleich als Feldherr und als Soldat ausgezeichnet.

Sobald der Kampf beendet war, nahm der Graf
von dem Cabildo Beſitz, wohin er die mexikaniſchen Behörden berufen ließ, um mit denſelben die geeignetſten
Maßregeln zu berathen welche die Sicherheit der Stadt
gebot. Don Cornelio war während des Kampfes nicht

von seiner Seite gewichen; und hatte seine Pflicht
wacker gethan.

„Don Cornelio," redete ihn der Graf an, „ich
bin mit Ihnen zufrieden, Sie haben sich brav benommen;
zur Belohnung will ich Ihnen einen höchst wichtigen,
vertraulichen Auftrag geben. Sind Sie zu müde um
Ihr Pferd zu besteigen?"

„Nein, Senor Condé, Sie wissen ja auch übrigens,
daß ich ein alter erprobter Ginete bin."

„Das ist wahr. Hier sind zwei Briefe: der an
Don Rasaöl gerichtete, soll ihm von Ihnen im Vorüberkommen in der Hacienda del Milagro überreicht
werden; den anderen befreien Sie Angesichts von la
Magdalena von dem ersten Umschlage, und bringen
ihn an die angegebene Adresse. Gesetzt den Fall, daß
Sie unterwegs überfallen und gefangen genommen werden,
darf man den Brief nicht bei Ihnen finden, und Niemand darf den Inhalt desselben erfahren. Verstehen
Sie mich?"

„Seien Sie unbesorgt, Senor Condé, der Brief
wird nöthigen Falls verschwinden."

„Gut! Nehmen Sie ein frisches Pferd, und brechen
Sie unverzüglich auf; es hängt Leben und Tod davon ab."

„Ich gehe, Don Louis, Sie sollen von mir hören."

Er begleitete die Worte mit einem unheimlichen
Lächeln, welches der Graf nicht bemerkte. Don Cornelio
entfernte sich, fünf Minuten später hörte man den Hufschlag seines Pferdes auf den Steinen des Weges erschallen.

Er war fort.

In dem Augenblicke trat Valentin ein. Der ge=
wöhnlich so ruhige Jäger sah verstört aus und schien
heftig erregt zu sein. Er blickte sich um.

„Was suchst Du?" fragte der Graf, „und was
bedeutet der Zustand in welchem ich Dich sehe."

„Er bedeutet," antwortete Valentin. . . . „Aber,
sieh das ist noch besser; wirf einen Blick auf die Papiere,
die ich im Hause des Generals Guerrero gefunden habe."

Er überreichte dem Grafen ein Packet Briefe und
andere Papiere; Letzterer durchlief sie rasch mit den Augen.

„Wie!" rief er zornig mit dem Fuße stampfend
aus, „so schwarzer Undank nach so vielen Wohlthaten!
Tausend Teufel! das Land muß verflucht sein, weil
der Verrath hinter jedem Grashalme lauert!"

„Glücklicherweise haben wir die Beweisstücke in
Händen. Ich werde den Elenden selbst verhaften."

„Es ist zu spät!"

„Wie so, zu spät!" rief der Jäger aus „wo ist
er denn?"

„Er ist mit einem sehr wichtigen Auftrage abge=
gangen, welchen er in meinem Namen dem Anführer
der Unzufriedenen überbringen soll."

„Tod und Teufel!" rief der Jäger aus, „was ist
zu thun? Es unterliegt keinem Zweifel, daß der Elende
dem Feinde unsere Geheimnisse verrathen wird."

„Warte, ich habe ihm einen Brief für Don Rafaël
mitgegeben, und er kann nicht umhin, ihn abzugeben."

„Richtig, wäre es auch nur um keinen Verdacht
zu erwecken. Ich eile nach der Hacienda del Milagro."

„Geh' mein Freund, ich kann Dich leider nicht begleiten."

„Das ist nicht nöthig; ich schwöre Dir, daß wenn jener Schurke, der Don Cornelio, in meine Hände fällt so zerrete ich ihn wie eine Natter, die er ist! Lebe wohl!" Der Jäger verließ den Cabildo rasch, und wenige Minuten später jagte er in Begleitung Fröhlichs, des schwarzen Hirsches, Curumillas und Adlerkopfes in der Richtung der Hacienda del Milagro davon.

Der Graf widmete sich nun ohne Zeitverlust der Herstellung der Ruhe und Sicherheit in der Stadt. Die meisten mexikanischen Beamteten waren geflüchtet; er ernannte andere dafür, ließ die Todten beerdigen, und ein Hospital für die Verwundeten einrichten; dessen Oberaufsicht er dem Pater Seraphin übertrug, der auch bei dieser Gelegenheit eine Selbstverleugnung und einen frommen Eifer an den Tag legte, der seines Gleichen suchte.

Es wurden Posten und Wachhäuser eingerichtet und Patrouillen befohlen, die Stadt zu durchziehen, um die Ruhe zu erhalten, welche Maßregel überflüssig war, denn die Einwohner schienen ebenso entzückt zu sein wie die Franzosen. Die Straßen waren mit Fahnen geschmückt, und der Ruf: „Es lebe Frankreich! Es lebe Sonora!" erschallte überall und wurde mit unaussprechlicher Begeisterung wiederholt.

Nachdem der Graf den dringendsten Pflichten genügt hatte, ließ die Spannung, welche ihn bisher aufrecht erhalten, nach, und die Natur gewann einen Augenblick die Oberhand und rächte sich für die lange Unterdrückung. Don Louis sank fast ohnmächtig in dem Lehnstuhle zurück, auf welchem er seit acht Stunden rastlos arbeitend, saß.

Er blieb bis ziemlich tief in die Nacht so hülflos liegen, denn er hatte weder die Kraft zu rufen, noch sich zu regen.

Endlich trat der Capitain de Laville ein; er kam um seinem Vorgesetzten von der Verfolgung der Mexikaner Bericht zu erstatten. Der Zustand Don Louis erschreckte ihn.

Der Graf lag im heftigsten Fieber da, und delirirte. Der Capitain rief sofort den Feldscheerer der Compagnie herbei, und man brachte den Grafen in ein, in der Eile aufgeschlagenes Bett.

Der Feldscheerer war nicht zu finden; statt seiner erschien ein mexikanischer Arzt.

Derselbe erklärte, daß der Graf einen Anfall der Ruhr habe, und gab ihm einen Trank, welchen er sofort bereitet hatte.

Der Graf verfiel in einen todtenähnlichen Schlaf, der beinahe zehn Stunden währte.

Glücklicherweise kam endlich der Regimentschirurgus herbei. Nachdem er einen Blick auf den Grafen geworfen, und einige Tropfen des Trankes untersucht hatte, die im Glase zurückgeblieben waren, ließ er dem Kranken augenblicklich geschlagene Eier, mit Milch vermischt, reichen und ordnete Reibungen am ganzen Körper mit erwärmten Tüchern an.

„Aber, Doctor," wendete der Capitain ein, „was

für eine Behandlung fangen Sie denn da an? Der Arzt hat uns versichert, der Graf habe die Ruhr."

Der Doctor lächelte traurig.

„Ja," sagte er, „er hat die Ruhr. Wissen Sie aber, was ihm der Arzt gegeben hat?"

„Nein."

„Belladonna, das heißt Gift!"

„Was!" rief der Capitain bestürzt aus.

„Still!" fuhr der Chirurg fort; „es bleibe ein Geheimniß zwischen uns Beiden."

In dem Augenblicke trat der Arzt ein. Es war ein kleiner, untersetzter Mann, mit einem Gesichte gleich dem einer aufgescheuchten Katze.

Der Capitain faßte ihn am Kragen, und zog ihn in einen Winkel des Zimmers.

„Sehen Sie," sagte er zu ihm, indem er auf das Glas deutete, welches der Chirurg noch in der Hand hielt . . . „Was enthielt der Trank, welchem Sie dem Grafen eingegeben haben?"

Der Mexikaner erblaßte.

„Aber . . . ." stotterte er.

„Gift, Elender!" fuhr der Capitain heftig fort.

„Gift?" rief Jener aus, und erhob die Hände und Blicke gen Himmel, „wäre es möglich! Ach Gott, lassen Sie mich sehen!"

Er betrachtete das Glas scheinbar sehr aufmerksam.

„Es ist wahr," sagte er nach einer Weile, „per Dios! welche Unbesonnenheit!"

Der Ausspruch kam den beiden Franzosen, tro=

ihrer Entrüstung so köstlich vor, daß sie nicht an sich halten konnten, und in ein homerisches Gelächter ausbrachen.

Der kleine Doctor benutzte ihre Heiterkeit um unbemerkt zu entschlüpfen, und trotz aller Nachforschungen welche man anstellte, war es unmöglich, ihn wiederzufinden. Wahrscheinlich hatte er die Stadt verlassen.

Es gelang indessen der verständigen und liebevollen Pflege des Doctors, die Einwirkung des Giftes zu verhüten. Der Graf fühlte sich etwas wohler und befahl, daß sich die Compagnie sofort im Patio des Cabildo versammeln solle.

Der Befehl ward rasch vollzogen, und eine Stunde später stand die Compagnie unter den Waffen im Hofe aufgereiht.

Der Graf ging, auf den Arm des Capitains de Laville gestützt, hinunter.

„Ich bin, wie Ihr seht, krank Cameraden," sagte er. „Doch habe ich Euch versammelt um Euch ein Versprechen mitzutheilen, das ich den Einwohnern von Hermosillo in Eurem Namen gegeben habe. Ich habe denselben versichert, daß, wenn Ihr auch über Haufen von Piastern und Unzen schreiten solltet, Ihr Euch nicht bücken würdet um sie aufzulesen. Habe ich Recht gethan?"

„Gewiß," riefen Alle, „Sie hatten Recht!"

„Wir sind trotz aller Verleumdungen, keine Räuber," fuhr der Graf fort, „und der Augenblick es zu beweisen, ist gekommen."

„Wir wollen es beweisen!"

„Ich danke Euch, Cameraden!"

Die Compagnie ging auseinander, und hielt ihr Versprechen gewissenhaft; die halb entblößten Leute raubten nicht einmal eine Gürtelschnalle, trotzdem sie fast seit vier Monaten die härtesten Entbehrungen erduldeten.

Der Zustand des Grafen verschlimmerte sich indessen von Tag zu Tag, trotz der liebevollen Pflege des Paters Seraphin der an seinem Bette wachte und ihn keinen Augenblick verließ.

Die geistige Anstrengung führte Don Louis Tod herbei. Er hatte seit der Abreise Don Cornelios weder von dem Spanier, noch von Valentin etwas gehört. Zwei zuverlässige Boten, welche man nach der Hacienda del Milagro geschickt hatte, waren nicht zurückgekehrt und weder Don Rafaël noch Dona Angela gab ein Lebenszeichen.

Ein solches Schweigen war unerklärlich. Auf der anderen Seite wurde die Lage der Compagnie mit jedem Tage bedenklicher. Obgleich der Graf im Besitze einer ansehnlichen Stadt war, schien er verlassener zu sein wie je. Die Pueblos, welche sich erheben sollten, rührten sich nicht; der Mann, welchem Don Louis geschrieben und der sich verbindlich gemacht hatte das Zeichen des Aufstandes zu geben, antwortete nicht auf die an ihm ergangene Aufforderung und war stumm gegen die wiederholten Bitten, welche Don Louis an ihn richtete.

Die Ruhr ist eine jener schrecklichen Krankheiten welche die Fähigkeiten des Menschen vollständig vernichten, der Graf war ziemlich lange unfähig sich um irgend etwas zu kümmern.

Senor Pavo war von Guaymas eiligſt nach Hermo=
ſillo gekommen, angeblich um dem Grafen zu ſeiner
glänzenden Waffenthat Glück zu wünſchen, in Wahrheit
aber, um ihn deſto leichter verrathen zu können.

Don Louis war allein, ohne einen Freund welchen
er vertrauen konnte, auf ein Schmerzenslager geworfen
während ihn innerlich die tödtlichſte Sorge verzehrte,
und der tiefſten Troſtloſigkeit Preis gegeben, weil er
ſich zur Unthätigkeit verdammt ſah und die Früchte
ſeiner Mühen und Anſtrengungen verlieren mußte.

Der Capitain de Laville der einzige Menſch welchem
er ſich hätte anvertrauen können, war von derſelben
Krankheit befallen wie ſein Vorgeſetzter, und gleich ihm
unfähig zu handeln.

Der Senor Pavo benutzte dieſe Lage der Dinge
ſchlau, um den Keim der Unzufriedenheit unter die
Franzoſen zu ſäen.

Der Graf war die Seele der Compagnie und das
einzige Band, welche ſie einig und beiſammen erhielt,
ſobald er fehlte, fehlte es an Allem.

Der Senor Pavo ſpann nun im Stillen ſeine
Fäden. Auf ſeinen Antrieb erſchienen die Abenteurer
zu jeder Stunde des Tages vor dem Grafen und brach=
ten nach der Reihe die lächerlichſten Klagen vor, die
ſie mit der Drohung ihn zu verlaſſen, begleiteten. Die
Sache war endlich auf einen Punkt gediehen, wo eine
Entſcheidung unvermeidlich war.

Es gab zwei Mittel ſich aus der Verlegenheit zu ziehen.

Erstlich wenn man dem Vortheile entsagte welchen man durch die Einnahme von Hermosillo errungen hatte und sich nach Guaymas zurückzog; der französische Bevollmächtigte, Senor Don Antonio Mendez Pavo flüsterte dem Grafen dieses Mittel ein.

Zweitens wenn man sich durch Gewalt und selbst durch Schrecken in Hermosillo behauptete und dort die Hülfe erwartete, welche bald aus Californien eintreffen mußte. Denn die Nachricht von dem glänzenden Siege des Grafen hatte sich rasch dort verbreitet und die Gemüther der daselbst weilenden Abenteurer entzündet.

Beide Wege waren dem Grafen in gleichem Grade zuwider. Der erste erschien ihm schmachvoll der zweite unausführbar. Die Lage wurde aber immer peinlicher und unerträglicher. Da ereignete sich etwas Seltsames was wir, wenn wir statt einer wahren Geschichte einen Roman schrieben, gewiß nicht erfunden haben könnten.

Die Compagnie war durch die scheinheiligen Klage= lieder des Senor Pavo und die heimlichen Schliche, welche er anwendete dermaßen aufgereizt worden, daß sie ihrem Anführer den größten Ungehorsam, ja fast offenen Aufruhr entgegenstellte. Da sie sahen, daß der Graf von Prébois=Crancé zu krank war, um kräftig einzuschreiten und sich ihren Willen nicht wiedersetzen könne, erklärten sie ihm, daß sie Hermosillo und ihn verlassen würden, wenn er nicht augenblicklich Befehl ertheile, den Rückzug anzutreten.

Der Graf mußte nachgeben.

Der General Guerrero hatte sein Ehrenwort ge=

geben, daß der Rückzug nicht gestört werden solle. Don Louis setzte es durch, daß man ihm Geißeln stellte, welche für die Verwundeten bürgten, welche er genöthigt war zurückzulassen und so ließ er sich dann mit gebrochenem Herzen, kraft= und muthlos in eine Sänfte tragen.

Als die Freiwilligen ihren geliebten Anführer er= blickten, fühlten sie sich plötzlich umgewandelt und so gerührt ihn so elend und fast vernichtet vor Schmerz zu sehen, daß sie sich um die Sänfte drängten ihm Treue und Gehorsam schworen und gelobten, bis auf den letzten Mann für ihn zu sterben.

Ein schwermüthiges Lächeln umschwebte die Lippen des Sterbenden. Diese Beweise der Ergebenheit kamen zu spät. Der Graf hatte den bitteren Kelch der Krän= kungen und Schmähungen bis auf die Hefe geleert; er hatte den Glauben an seine Cameraden verloren.

Der Rückzug wurde angetreten.

Trotz des feierlichen Versprechens des Generals, war er eine ununterbrochene Reihe von Scharmützeln, doch bedeckten sich die Franzosen mit einem letzten Schim= mer von Ruhm. Der Pulverdampf rief die Abenteurer zum Bewußtsein ihrer vollen Kraft zurück, und sie wehrten die Angriffe der Mexikaner so kräftig ab, daß sie dieselben zwangen sich schmachvoll zurückzuziehen und sie fortan nicht mehr zu beunruhigen.

Drei Stunden vor Guaymas schlug die Compagnie ihr Lager auf und war fest entschlossen sich Bahn zu brechen und den Hafen am nächsten Tage, wenn es sein müsse, mit Gewalt zu betreten.

Der Graf fühlte sich durch die Aussicht auf einen bevorstehenden Kampf etwas belebt und schlief, nachdem er alle Vorbereitungen getroffen hatte, ein.

Gegen Mitternacht weckte man ihn mit der Meldung, daß Parlamentaire eingetroffen seien.

Es war der Senor Pavo und ein Kaufmann von Guaymas.

Sie waren vom Generale Guerrero abgeschickt. Sie überbrachten den Vorschlag eines Waffenstillstandes von achtundvierzig Stunden und einen Brief des Generals, in welchem er den Grafen dringend bat sich zu ihm zu begeben um persönlich wegen der Friedensbedingungen mit ihm zu unterhandeln.

„Ich willige in den Waffenstillstand," antwortete der Graf. Wenn mir der General eine Bedeckung schickt, will ich zu ihm kommen.

Seine Gefährten riethen ihm ab.

„Warum nehmen Sie nicht die Reiterei mit?" fragte Einer.

„Wozu?" antwortete er muthlos, hat man es doch auf mich allein abgesehen. Ist es eine Falle, welche man mir stellt, so gerathe ich allein hinein.

Die Abenteurer drangen in ihm, doch blieb er unerschütterlich.

„Wir verstehen uns nicht mehr," sagte er zu ihnen. Hierauf wandte er sich zu den Parlamentairen.

„Kehren Sie nach Guaymas zurück, meine Herren

und sagen Sie dem Generale Guerrero, daß ich ihm danke und seine Bedeckung erwarte.

Dieselbe traf wirklich mit Aubruch des Tages ein und der Graf entfernte sich, nachdem er seinen Gesährten einen letzten, traurigen Blick zugeworfen hatte, welche ihm beklommen und mit thränenden Augen nachschauten.

Jetzt war die Trennung zwischen der Compagnie und ihrem Anführer vollständig erfolgt.

Der General Guerrero empfing den Grafen von Prébois=Crancé bei seinem Einzuge in Guaymas mit den Ehrenbezeugungen, welche einem Feldherrn zukommen.

Don Louis lächelte verächtlich. Was kümmerte ihm das eitle Gepränge!

Der Graf und der General unterhielten sich lange Zeit mit einander.

Der General hatte seine Bestechungspläne noch nicht aufgegeben. Don Louis lehnte, wie das erste Mal, alle seine Vorschläge entschieden ab.

Die Compagnie war jetzt schutzlos den Ränken des Senor Pavo Preis gegeben. Er verlor keinen Augen= blick. Auf seinen Antrieb schickten die Abenteurer eine Deputation von zwei Matrosen an den Grafen mit der Weisung um jeden Preis einen Vergleich einzugehen.

Der Senor Pavo hatte zwei der ausgemachtesten Dummköpfe zu Boten gewählt, der würdige Mann wußte recht gut was er that.

Die beiden Seeleute kamen zu dem Grafen, der ihnen sagen ließ, daß er sie jetzt nicht sehen könne und sie bitte ein wenig zu warten.

Die beiden Gesandten, die sich nicht wenig auf die Wichtigkeit des ihnen anvertrauten Auftrages einbildeten, fühlten sich in ihrer Würde gekränkt, und verließen augenblicklich das Haus des Grafen unter Verwünschungen über seine Frechheit, um gerades Wegs zu dem Generale Guerrero zu gehen.

Derselbe war bereits gebührend unterrichtet, wußte was geschehen würde und erwartete sie mit Ungeduld.

Er ließ sie, sobald sie sich genannt hatten, vor, und empfing sie auf das Zuvorkommendste. Nachdem er sie gebührend mit Weihrauch benebelt hatte, ließ er sie einen Vertrag unterschreiben — oder vielmehr ein Kreuz darunter zeichnen, — in welchem sie sich verbindlich machten, da sie von ihrem Anführer schändlich verlassen und hintergangen worden, die Waffen zu strecken und gegen Auszahlung einer Summe von elftausend Piastern das Land zu verlassen. Man muß bekennen, daß es nicht theuer war, und der General Guerrero ein gutes Geschäft machte und zwar um so mehr, als ihm die Waffen der Compagnie verblieben. Ja, die Mexikaner sind geborene Kaufleute und geriebene Diplomaten!

Da die Mexikaner die Compagnie nicht besiegen konnten, kauften sie die zwei Elenden durch die Vermittelung eines Dritten ab, dessen Pflicht es gewesen wäre sie zu beschützen.

Auf solche Weise brachte sich die Compagnie Atrevida selbst um's Leben; sie führte ihre Auflösung selbst herbei, ohne nur zu versuchen den Anführer wiederzusehen der ihr Abgott gewesen war.

Wir müssen zur Ehre der französischen Bevoll= mächtigten hinzufügen, daß in dem Vertrage, welchen sie unterzeichneten, die Freiheit des Grafen feierlich verbürgt war.

Wie kam es aber, welche Verkettung von Umständen hatte bewirkt, daß der Graf in einer so schwierigen Lage von seinen Freunden so vollständig verlassen worden war?

Wie kam es, daß sich der General Guerrero, sein erbittertster Feind, so mild ja fast großmüthig gegen Don Louis benahm, als die letzten Ereignisse, welche wir berichtet haben, stattfanden?

Wir wollen es erklären; doch müssen wir zu dem Zwecke etwas zurückgehen und zu Valentin und seinen Begleitern zurückkehren, die wir in dem Augenblicke verlassen haben, wo sie im Galopp nach der Hacienda jagten.

XI.

Die Hacienda del Milagro.

Der Weg von Hermosillo nach der Hacienda del Milagro ist vollkommen gebahnt und von Anfang bis zu Ende gerade und breit.

Obwohl die Nacht sehr finster war, ritten doch die

fünf Reiter neben einander und hätten Don Cornelio
sehen müssen, wenn sie ihn auf dem Wege getroffen
hätten; sie erreichten aber die Hacienda ohne ihn erblickt
zu haben.

Der Weg war nach allen Richtungen, theils durch
die Franzosen, theils durch die Mexikaner seit einigen
Tagen so viel betreten worden, daß es den erfahrenen
Jägern unmöglich war, eine Fußtapfe oder sonstige
Spur zu entdecken, welche sie hätte leiten können.

Die Spuren der Räder, die Fußtapfen der Pferde
und Menschen waren dermaßen in einander · gewirrt,
daß sie selbst für das schärfste Auge vollkommen unleser-
lich blieben.

Valentin bemühte sich wiederholt, aber stets vergebens jene Schrift der Wildniß zu lesen.

Je weiter die Jäger daher vordrangen, um so mehr
stieg ihre Besorgniß.

Es mochte acht Uhr Morgens sein, als sie die
Hacienda erreichten.

Sie waren ohne Aufenthalt die ganze Nacht gereist,
und hatten sich nur hin und wieder aufgehalten, um
die Spur desjenigen zu suchen, den sie verfolgten.

Die Hacienda war still; die Peonen waren an
ihrer gewohnten Arbeit und auf den Triften weidete die
Ganado friedlich.

Die Jäger traten ein.

Don Rafaël war im Begriff auf's Pferd zu steigen,
um, wie es den Anschein hatte, einen Ausflug in die
Umgebung zu machen.

Ein Peone hielt einen prächtigen Mustang beim Zügel, der vor Ungeduld über sein langes Warten, sein Gebiß zernagte und ungedulbig mit den Hufen auf die Erde stampfte.

Sobald der Haciendero die Ankömmlinge erblickte, kam er ihnen entgegen, indem er ihnen scherzhaft mit seiner Chicote drohte.

„Aha!" sagte er lachend, „da kommen ja meine Ausreißer wieder. Guten Tag, meine Herren!"

Die Angeredeten waren über die heitere Laune des Hausherrn, welche ihnen ganz unerklärlich vorkam so erstaunt, daß sie stumm blieben.

Da bemerkte Don Rafaël erst ihr düsteres und verlegenes Aussehen.

„Was habt Ihr denn?" fragte er in ernstem Tone. „Bringt Ihr etwa schlechte Nachrichten?"

„Vielleicht," versetzte Valentin traurig. „Gebe Gott daß ich mich täusche!"

„Redet, erklärt Euch. Eben wollte ich ausreiten um Nachrichten einzuholen; das ist nun nicht mehr nöthig, da Ihr gekommen seid."

Die Jäger tauschten einen einverstandenen Blick aus.

„Natürlich, denn wir werden Ihnen jede gewünschte Auskunft geben."

„Desto besser. Steigt vor allen Dingen vom Pferde, und kommt mit in's Haus, dort können wir ungestörter reden."

Die Jäger stiegen ab und folgten Don Rafaël

in ein geräumiges Zimmer, welches dem Haciendero als Besuchs= und Geschäfts=Lokal diente.

Nachdem sie eingetreten waren, widersetzte sich Valentin dem Schließen der Thür.

„Auf diese Weise," sagte er, „haben wir keine neugierige Ohren zu fürchten."

„Wozu so große Vorsicht?"

„Das will ich Ihnen sagen. Wo sind gegenwärtig Dona Luz und Dona Angela?"

„Sie schlafen wahrscheinlich noch."

„Gut. Sagen Sie mir, Treuherz, haben Sie während der letzten vierundzwanzig Stunden keinen Besuch gehabt?"

„Seit der Abreise des Grafen von Prébois=Crancé habe ich keinen Menschen gesehen."

„So," antwortete der Jäger. „Sie haben also heute Nacht keinen Courier erhalten?"

„Keinen."

„Sie wissen also auch nicht, was gestern geschehen ist?"

„Keineswegs."

„Sie haben nicht gehört, daß der Graf eine Schlacht geliefert hat?"

„Nein."

„Daß er Hermosillo eingenommen hat?"

„Nein."

„Und daß die Armee des Generals Guerrero eine vollständige Niederlage erlitten hat?"

„Kein Wort. Es ist also wirklich so, wie Sie sagen?"

„Allerdings."

„Der Graf hat gesiegt?"

„Ja, und ist jetzt im Besitze von Hermosillo."

„Das ist unerhört! Jetzt habe ich Ihre Fragen alle beantwortet, lieber Freund, und bitte Sie mir gefälligst eben so bündig und unumwunden sagen zu wollen, warum Sie mir dieselben vorgelegt haben?"

„Kaum sah sich der Graf im Besitze Hermosillos, als er auch an Sie und wahrscheinlich noch Jemand dachte, und sofort einen Courier abschickte, der Ihnen einen Brief überbringen sollte."

„Mir? Das ist doch seltsam; wahrscheinlich war der Courier ein Eingeborener, ein Indianer?"

„Nein, es war Don Cornelio Mendoza, ein spanischer Edelmann, auf welchen Sie sich vielleicht besinnen können?"

„Freilich! Ein wackerer Camerad, sehr aufgeräumt, und der fortwährend die Vihuela spielte."

„Richtig," versetzte Valentin in spöttischem Tone; „nun eben jener wackere, aufgeräumte Camerad, der fortwährend die Vihuela spielte, liebster Treuherz, ist ganz einfach ein Verräther der unsere Geheimnisse an den Feind verkaufte."

„Was höre ich, Valentin, man muß seiner Sache sehr gewiß sein, um eine solche Anschuldigung gegen einen Caballero auszusprechen!"

„Es ist leider im gegenwärtigem Falle unmöglich, den leisesten Zweifel zu hegen," fuhr der Jäger traurig fort. „Die ganze Correspondenz, welche er mit dem

Generale Guerrero geführt hat, befindet sich in den Händen des Grafen."

„Cuerpo de Christo!" rief Don Rafaël aus; „wissen Sie, lieber Freund, daß die Geschichte sehr ernst ist?"

„Ich bin so fest davon überzeugt, daß ich, trotzdem ich todmüde war, doch jene Herrn gebeten habe, mich zu begleiten und in größter Eile hergekommen bin, in der Hoffnung, ihn unterwegs zu treffen und verhaften zu können, denn außer dem für Sie bestimmten Briefe, hat er noch einige andere bei sich, die an mehre einflußreiche Leute des Landes gerichtet sind, und sie in die größte Gefahr stürzen können."

„Das ist wirklich eine schlimme Geschichte," sagte Treuherz nachdenklich. „Es scheint gewiß zu sein, daß der Elende, statt herzukommen, stehenden Fußes zum Generale geeilt ist, um ihm jene Briefe auszuliefern."

„Daran ist leider nicht mehr zu zweifeln."

„Was ist zu thun?" murmelte Don Rafaël halb unbewußt.

Es folgte eine Pause; Jedermann sann über ein Mittel nach, den übelen Folgen des Verrathes zu begegnen.

Curumilla und Adlerkopf standen auf, und schickten sich an, das Zimmer zu verlassen.

„Wo geht Ihr hin?" fragte Valentin.

„Während unsere Brüder sich berathen," antwortete der Araucan, „wollen der Häuptling und ich auf Entdeckung ausgehen."

„Ihr habt Recht, Häuptling. Geht, geht," antwortete der Jäger. „Ich weiß nicht warum," fügte er traurig hinzu, „mir ahnt aber ein Unglück."

„Die beiden Indianer entfernten sich.

„Kennen Sie den Inhalt des Briefes, welchen mir der Graf geschickt hat?" fragte Don Rafaël nach einer Weile.

„Nein, auf Ehre! wahrscheinlich theilte er Ihnen die Nachricht seines Sieges mit, und bat Sie, Dona Angela nach Hermosillo zu bringen. Jedenfalls war der Brief hinreichend gefährlich."

„Das bekümmert mich am wenigsten; denn der General Guerrero wird sich bedenken, ehe er es wagt mit mir anzubinden."

„Warum verlieren wir die kostbare Zeit mit eitlen Worten? Es bleibt uns nichts übrig, als nach Hermosillo zurückzukehren, und Dona Angela mitzunehmen," bemerkte Fröhlich.

„Das scheint mir auch das Einfachste," bekräftigte Valentin.

„Ja," sagte Don Rafaël, „wir können uns dadurch dem Grafen nur angenehm machen."

„Nun, dann wollen wir unsere Absicht ohne Zeitverlust ausführen," fuhr Fröhlich fort; „während der schwarze Hirsch und ich, Alles zur Abreise vorbereiten, wird Treuherz, Dona Angela von unserem Entschlusse benachrichtigen."

„Thut also, und beeilt Euch," sagte Valentin;

„ich weiß nicht, welche Unruhe ich habe, ich möchte aber schon fort sein."

Sie trennten sich ohne weitere Bemerkung, und der Jäger blieb allein.

Valentin konnte seine innere Unruhe nicht bezwingen; er schritt aufgeregt im Zimmer auf und ab, blieb zuweilen stehen um zu lauschen, oder einen Blick aus dem Fenster zu werfen, und sah aus, als erwarte er einen Feind auftauchen zu sehen.

Endlich konnte er es nicht mehr ertragen, und ging hinaus.

Die beiden Jäger waren emsig beschäftigt die Pferde einzufangen und zu satteln, während Peonen Maulthiere vorführten, um das Gepäck aufzuladen.

Valentins Angst stieg mit jedem Augenblicke; er half seinen Gefährten mit fieberhafter Hast, und trieb Jedem zur Eile an.

Eine Stunde verstrich. Alles war bereit und man wartete nur noch auf Dona Angela; endlich erschien sie in Begleitung von Dona Luz und Don Rafaöl.

„Endlich!" rief Valentin aus, „geschwind auf die Pferde, und fort!"

„Fort!" riefen die Anwesenden.

Jedermann schwang sich in den Sattel.

Plötzlich ließ sich von Außen ein großes Geräusch vernehmen, und Curumilla stürzte athemlos und verstört herbei.

„Flieht! flieht!" rief er ihnen zu, „sie kommen!"

„Fort!" rief Valentin.

Aber ein unüberwindliches Hinderniß stellte sich ihnen entgegen. In dem Augenblicke, wo sie aus dem Thore der Hacienda treten wollten, fanden sie dasselbe durch das Vieh versperrt, welches die Peonen eiligst vom Felde heimtrieben, um wahrscheinlich zu verhüten, daß es von den Marodeuren geraubt werde.

Die armen Thiere drängten sich Alle so haftig nach der Thür, als wollten sie zugleich eindringen, und stießen, von den Peonen angestachelt, ein klägliches Gebrüll aus.

Es war nicht daran zu denken eher hinauskommen zu wollen, bis das ganze Ganado herein war; denn es war unmöglich es zurückzutreiben um die Thür frei zu machen. Die Flüchtlinge sahen sich daher wider Willen gezwungen zu warten.

Valentin war außer sich vor Zorn.

„Ich wußte es! ich wußte es!" murmelte er in dumpfem Tone, indem er wüthend die Fäuste ballte.

Endlich, nach fast einer Stunde, denn Don Miguel besaß zahlreiche Heerden, war die Thür frei.

„Fort, in Gottes Namen!" rief Valentin aus.

„Es ist zu spät," sagte Adlerkopf, der plötzlich auf der Schwelle der Thür erschien.

„Verwünscht!" heulte der Jäger und stürzte hinaus.

Er warf einen Blick um sich, und stieß einen Schrei der Bestürzung aus.

Die Hacienda war von mehr als hundert mexikanischen Reiter vollständig eingeschlossen, und unter denselben erblickte man den General Guerrero.

„Ach! der elende Verräther!" rief der Jäger aus.

„Nur Muth, lassen wir uns nicht gleich zu Boden schmettern," sagte Treuherz. „Cuerpo de Christo, es ist noch nicht so lange her, seitdem ich das Leben der Wildniß aufgegeben habe, daß ich die üblichen Schliche vergessen haben sollte. Lassen wir den Leuten nicht Zeit, sich zu besinnen; greifen wir sie an und brechen uns eine Bahn."

„Nein," sagte Valentin entschieden, „das ist unmöglich! Schließt und verrammelt die Thür, Fröhlich!"

Der Canadier gehorchte schleunig.

„Aber . . . . ." wandte Don Rafaël ein.

„Treuherz," fuhr Valentin fort, „es steht nicht mehr bei Ihnen, nach Ihrem Gutdünken zu handeln und sich in ein verzweifeltes Unternehmen zu stürzen. Sie müssen sich für Ihre Frau und Kinder erhalten; dürfen wir überdies Dona Angela der Gefahr aussetzen, in unserer Mitte getödtet zu werden."

„Das ist wahr!" antwortete er. „Verzeihen Sie mir, ich war von Sinnen."

„Ach," rief Dona Angela aus, „was kümmert mich der Tod, wenn ich den Geliebten nicht wiedersehen soll?"

„Senorita," antwortete der Jäger zurechtweisend, „lassen Sie den Ereignissen ihren Lauf. Wer weiß, ob es nicht besser so ist? Für jetzt kehren Sie in das Haus zurück, und überlassen uns die Führung der Sache."

„Kommen Sie, mein Kind," fügte Dona Lui

liebevoll hinzu, „Ihre Gegenwart hier ist überflüssig und kann bald gefährlich werden."

„Ich folge Ihnen, Senora," antwortete das junge Mädchen niedergeschlagen.

Sie entfernte sich hierauf langsam, gestützt auf den Arm der Dona Luz welche sie, dem Drange ihres Herzens folgend, zu trösten suchte.

Don Rafaël hatte allen seinen Dienern befohlen, sich zu bewaffnen und sich bereit zu halten, hartnäckigen Widerstand zu leisten, wenn die Hacienda angegriffen werden sollte, was nach den Bewegungen, welche der General seine Leute machen ließ, jeden Augenblick zu erwarten stand.

Die Peonen der Hacienda waren zahlreich und ihrem Herrn treu ergeben; der Kampf schien daher heiß werden zu wollen.

Plötzlich wurde wiederholt an die Thür geschlagen.

Valentin, der seit einiger Zeit in tiefes Nachdenken verloren zu sein schien neigte sich zu Don Rafaël und flüsterte ihm einige Worte in's Ohr.

„Das wäre ja beinahe eine Feigheit," erwiederte Jener.

„Es muß sein!" antwortete der Jäger in dringlichem Tone.

Während Treuherz ziemlich unmuthig nach der Thür ging, trat der Jäger in das Haus.

Don Rafaël öffnete einen, in der Thür angebrachten Schieber, und fragte wer da sei und was man wolle. Nachdem er mit den Draußenstehenden eine

Weile unterhandelt hatte, befahl er, zur großen Ver=
wunderung aller Anwesenden, die Thür frei zu machen.

Es war bald geschehen.

Der General erschien jetzt in Begleitung mehrer
Officiere, und trat entschlossen ein.

„Ich bitte mir zu verzeihen, daß ich Sie habe
warten lassen, General," sagte Don Rafaël: „ich mußte
nicht, daß Sie es waren."

„Caramba, Amigo," antwortete der General
lächelnd, indem er sich umblickte, „Sie haben wie ich
sehe, eine zahlreiche Besatzung."

„Mit den letzten Ereignissen, die in Sonora statt=
gefunden haben, sind die Wege so unsicher geworden,
und wimmeln von Marodeuren," sagte Don Rafaël;
„es ist daher gerathen, sich vorzusehen." Der General
nickte mit dem Kopfe.

„Sehr wohl Caballero," versetzte er trocken. „Ich
bin aber keineswegs erfreut, so viele Leute zu sehen,
die ohne gesetzlichen Grund zu den Waffen greifen.
Fort mit den Waffen, meine Herren!"

Die Peonen blickten auf ihren Gebieter; derselbe
biß sich auf die Lippen, winkte ihnen aber zu gehorchen.

Sämmtliche Waffen wurden nun auf den Boden
geworfen.

„Ich bedaure, Don Rafaël, genöthigt zu sein
eine Besatzung in Ihrer Hacienda zurückzulassen. Sie,
so wie alle hier Anwesenden, sind meine Gefangenen;
halten Sie sich bereit, mir nach Guaymas zu folgen."

„Belohnen Sie mich auf solche Weise dafür, daß

ich Ihnen die Thür meines Hauses geöffnet habe?" antwortete Don Rafaël bitter.

„Ich würde, wenn nöthig, mit Gewalt einge= drungen sein," fuhr der General in strengem Tone fort, „und jetzt lassen Sie meine Tochter augenblicklich rufen."

„Hier bin ich, Vater," sagte das junge Mädchen indem sie auf der obersten Stufe der Aufgangstreppe erschien. Dona Angela stieg langsam in den Hof hinunter, ging zu ihrem Vater, und blieb zwei Schritte vor ihm stehen.

„Was willst Du von mir?" fragte sie ihn.

„Dir den Befehl ertheilen, mir zu folgen," ant= wortete er barsch.

„Ich kann nicht umhin, Dir zu gehorchen," erwie= derte sie. „Aber Du kennst mich, mein Vater, und ich erkläre Dir, daß mein Entschluß unabänderlich ist. Ich habe die Mittel in Händen, mich Deiner Thrannei zu entziehen, sobald sie mir so drückend wird, daß ich sie nicht mehr ertragen kann. Dein Benehmen wird die Richtschnur des meinigen sein. Jetzt wollen wir fort!"

Der ehrgeizige Mann hegte nur eine lebhafte, reine Neigung in seinem Herzen, das war die Liebe zu seiner Tochter, die eben so tief als grenzenlos war. Der Mensch, der vor keiner, noch so grausamen That zurückbebte wo es galt, sein Ziel zu erreichen, zitterte vor einem Stirnrunzeln des sechszehnjährigen Mädchens, welches sich seiner Gewalt über den Vater vollkommen bewußt war und dieselbe unbedenklich mißbrauchte.

Andrerseits wußte Don Sebastian sehr gut, welch' eisernen Willen und unbeugsamen Sinn seine Tochter besaß. Er zitterte daher bei ihrer kaltblütigen Er= klärung, ohne sich es indessen merken zu lassen.

Er wandte sich mit verächtlicher Miene ab und befahl aufzubrechen.

Eine Viertelstunde später waren sämmtliche Ge= fangene auf dem Wege nach Guaymas, und nur der General Don Ramon und Dona Luz blieben unter der Aufsicht von ohngefähr funfzig Reitern in der Hacienda zurück, deren Officier Befehl hatte, sie mit Niemand verkehren zu lassen.

Als Valentin sah, daß der General seine Nieder= lage mit so viel Fassung ertrug, erkannte er sofort die Lage der Dinge. Vermöge seines angebornen Scharf= sinnes errieth er, daß in Folge des von Don Cornelio begangnen Verrathes, sich die Pueblos nicht erhoben, die Haciendcros welche dem Grafen ihr Wort bereits verpfändet hatten, fern bleiben, und der ganze Aufstand scheitern würde, so daß der Graf, krank wie er es war und von Allen verlassen, wahrscheinlich gezwungen sein würde mit dem besiegten Feinde zu unterhandeln. Des= halb forderte er Don Rafaël auf, keinen unnöthigen Widerstand zu leisten, welcher ihm nur schaden konnte, so wie er aus demselben Grunde Dona Angela über= redet hatte, scheinbar zu gehorchen, und zu ihrem Vater zurückzukehren.

Wie man gesehen hat, war die Vermuthung des Jägers vollkommen richtig, und seine Berechnung eingetroffen.

Indessen irrte er, als er hoffte, daß es ihm gelingen würde, seinen Milchbruder von dem Vorgefallenen benachrichtigen zu können. Die Befehle, welche der General wegen der Gefangnen hinterlassen hatte, wurden so pünktlich befolgt, daß es unmöglich war dem Grafen irgend eine Kunde zukommen zu lassen.

Nun haben wir die Ereignisse, welche sich in der Hacienda zugetragen, mitgetheilt und wollen den Faden unserer Erzählung wieder aufnehmen, um endlich an den Schluß des langen Dramas zu gelangen.

XII.

Der Eber kehrt sich gegen die Hunde.

Wir bitten den Leser, uns ohngefähr ein Jahr nach den zuletzt berichteten Vorfällen, nach Guaymas zu folgen.

Ein Mann der ein militairisches Kleid trug, welches große Aehnlichkeit mit einer mexikanischen Uniform hatte, schritt mit den Händen auf dem Rücken, in einem prachtvoll ausgestatteten Zimmer auf und ab.

Der Mann schien sehr vertieft in seine Gedanken zu sein; zuweilen runzelte er die Brauen und blickte ungeduldig nach einer auf einer Console stehenden Uhr.

Offenbar wartete er auf Jemand der nicht kam, denn sein Unmuth und seine Ungeduld stieg mit jedem Augenblicke. Eben hatte er seinen Hut, den er bei Seite gelegt, wieder ergriffen, und wollte sich wahrscheinlich entfernen, als eine Thür geöffnet wurde und ein Diener mit der Meldung eintrat:

„Sr. Excellenz Don Sebastian Guerrero."

„Endlich!" brummte der Besucher zwischen den Zähnen. Der General trat ein. Er war in voller Uniform.

„Verzeihung, lieber Graf," sagte er in herzlichem Tone, „daß ich Sie so lange habe warten lassen. Ich habe die Zudringlichen die mich belagerten, nur mit Mühe entfernen können. Endlich stehe ich vollständig zu Ihren Diensten und bin bereit, die Mittheilungen entgegenzunehmen welche Sie mir zu machen haben."

„General," antwortete der Graf, „zweierlei Gründe führen mich heute her. Erstlich wünsche ich auf die Vorschläge, welche ich die Ehre hatte, Ihnen bereits vor mehren Tagen vorzulegen, eine entscheidende, un- umwundene Antwort zu haben; zweitens habe ich ernste Klagen zu führen, wegen gewisser Ereignisse, die zum Nachtheile des französischen Bataillons stattgefunden haben, und von welchen," fügte er mit einem Anfluge von Spott hinzu, „Sie wahrscheinlich nicht unter- richtet sind."

„Ich höre von Ihnen das erste Wort davon, Herr Graf. Seien Sie versichert, daß es mein ernster Wille ist, dem französischen Bataillone nach allen Seiten hin gerecht zu werden, denn ich habe, seitdem dasselbe in's Leben getreten ist, nur Lobenswerthes von dem= selben gehört, und es hat sich nicht nur musterhaft benommen, sondern hat uns zahlreiche Dienste erwiesen."

„Das sind freundliche Worte, General; warum sind sie nur leere Redensarten?"

„Sie irren Graf, und ich hoffe Ihnen bald das Gegentheil zu beweisen. Doch sprechen wir nicht mehr davon und wenden wir uns zu den Beschwerden welche Sie vorzubringen haben. Reden Sie."

Die beiden Männer, welche so freundschaftlich und höflich miteinander verkehrten, waren der General Guerrero und der Graf Louis de Prébois=Crancé, welche wir als erbitterte Feinde haben einander gegen= über stehen sehen.

Was war seit dem Vertrage von Guaymas ge= schehen? Welcher triftige Grund hatte sie bewogen, ihren Groll zu vergessen? Welche Berührungspunkte bestanden zwischen ihnen, die eine so merkwürdige und unerklär= liche Umwandlung herbeigeführt hatten?

Wir bitten den Leser um die Erlaubniß, uns eingehender darüber verbreiten zu dürfen, ehe wir weiter gehen, und zwar um so mehr, als unsere Erzählung dazu beiträgt, den mexikanischen Charakter im vollsten Lichte zu zeigen.

Nachdem es dem Generale gelungen war, den Vertrag von Guaymas abzuschließen, und vermöge des Verrathes Don Cornelios den Aufstand der Pueblos zu verhindern, glaubte er seines Sieges vollkommen gewiß, und für immer von dem Grafen von Prébois= Crancé befreit zu sein.

Letzterer, der noch auf den Tod krank und un=

fähig war, seine Gedanken zusammenzunehmen, erhielt den Befehl Guaymas augenblicklich zu verlassen.

Seine Freunde, welchen man, nachdem der Vertrag unterzeichnet worden, ihre Freiheit wiedergegeben hatte, waren sofort zu ihm geeilt. Valentin ließ den Grafen nach Mazatlan transportiren, wo er allmählich genaß. Hierauf begaben sich Beide nach San Franzisco und ließen Curumilla in Sonora zurück, um sie von allen Vorkommnissen zu benachrichtigen.

Der Graf wußte gegen seine Tochter mit der Großmuth zu prahlen, die er dem Grafen erzeigt hatte. Er ließ ihr hierauf scheinbar volle Freiheit nach Gutdünken zu handeln, indem er im Stillen hoffte, daß sie mit der Zeit ihre Liebe vergessen und sich geneigt zeigen würde, gewisse Pläne zu unterstützen, von welchen er noch nichts verlauten ließ, die aber darauf hinzielten, sie an einen der einflußreichsten Männer zu verheirathen.

Monden waren unterdessen vergangen; der General hatte auf die Abwesenheit des Grafen, und besonders auf den vollständigen Mangel an Nachrichten von ihm gerechnet, um seine Tochter von dem, was er ihre thörichte Leidenschaft nannte, zu heilen, er war daher sehr überrascht, als er eines Tages anfing von den Heirathsplänen mit ihr zu reden, welche er im Stillen hegte, sie in bündigen Worten antworten zu hören:

„Ich habe Dir gesagt Vater, daß ich den Grafen von Prébois-Crancé heirathen werde, und ich will keinem Anderen meine Hand reichen. Du hast selbst

in die Heirath gewilligt, ich betrachte mich daher als
an ihn gebunden und werde ihm treu bleiben so
lange er lebt."

Der General war anfangs über diese Antwort
sehr betroffen; denn obgleich er den festen Willen seiner
Tochter kannte, war er doch weit entfernt, einen so
hartnäckigen Widerstand zu erwarten. Indessen faßte
er sich bald wieder, neigte sich zu ihr, küßte sie auf
die Stirne und sagte mit geheuchelter Milde:

„Ich sehe wohl, Du gottloses Kind, daß ich Dir
den Willen thun muß, wie schwer es mir auch an=
kommt. Nun ich werde sehen, will mir Mühe geben,
und meine Schuld soll es nicht sein, wenn Du Deinen
Geliebten nicht wiedersiehst."

„Wie, mein Vater, wäre es möglich?" rief sie
mit einer Freude die sie nicht bewältigen konnte, „redest
Du im Ernste?"

„Im vollkommenen Ernste, Du böses Kind, trockne
daher Deine Thränen und laß Deine alte Heiterkeit
und Dein blühendes Aussehen wiederkehren."

„Ich werde ihn also wiedersehen?"

„Ich schwöre es Dir."

„Hier?"

„Ja, hier in Guaymas."

„Ach," rief sie mit stürmischer Zärtlichkeit, und
schlang ihre Arme um seinen Hals, indem sie ihn
liebevoll küßte und zugleich in Thränen ausbrach, „ach
mein Vater, es ist sehr gut von Dir, und wenn Du
das thust, werde ich Dich so sehr lieb haben!"

„Ich werde es thun, sage ich Dir," antwortete
er mit unwillkürlicher Rührung bei dem Ausbruche
ihrer tiefen, leidenschaftlichen Liebe.

Der General hatte bereits seinen Plan fertig im
Kopfe, und wir werden denselben in seiner vollen Ab-
scheulichkeit sich entwickeln sehen.

Don Sebastian hatte sich von den Worten seiner
Tochter nur das eine gemerkt:

„So lange der Graf lebt, werde ich ihm
treu bleiben!"

Dona Angela hatte, ohne es zu ahnen, den Keim
eines schändlichen Planes in ihrem Vater erweckt.

Zwei Tage später reiste Curumilla nach San
Franzisco ab, um Don Louis einen Brief des jungen
Mädchens zu überbringen, der auf die künftigen Beschlüsse
desselben den unberechenbarsten Einfluß ausüben sollte.

Die Franzosen hatten die Mexikaner in Hermosillo
so glänzend besiegt, daß Letztere ihnen das rührendste
und ehrerbietigste Andenken bewahrten. Der General
Guerrero, der, wie der Leser bereits bemerkt haben wird,
eine rege Phantasie besaß, hatte über den Gegenstand
eine eben so treffende als verständige Betrachtung ange-
stellt. Er überlegte bei sich, daß die Franzosen, indem
sie die Mexikaner, die doch sehr tapfere Soldaten sind,
so vollständig geschlagen hatten, bewiesen daß sie noch
viel besser im Stande sein würden, die Indianer und
die Yankees zu besiegen; jene Gringos, wie sie die
Süd-Amerikaner nennen, vor welchen sie eine entsetz-
liche Scheu haben und die, wie sie fürchten, jeden

Augenblick in Mexiko eindringen werden. In Folge
dieser Betrachtung bildete der General Guerrero in
Guaymas ein Bataillon, das nur aus französischen
Freiwilligen bestand, welche er unter den Befehl fran=
zösischer Officiere stellte, und deren Pflicht sich vorläufig
darauf beschränkte die Polizei im Hafen zu führen
und in der Stadt die Ordnung zu erhalten.

Unglücklicherweise war der Anführer jenes Bataillons,
obwohl ein wackerer Officier und guter Soldat, doch
nicht so ganz der Mann, der für diesen Posten paßte.
Seine etwas kleinlichen, beschränkten Ansichten über=
sahen nicht die Lage in welcher er sich befand, und
bald kam es zwischen den Fremden und Mexikanern zu
Uneinigkeiten, welche wahrscheinlich im Stillen von
einflußreichen Personen genährt wurden. Das Bataillon
gerieth dadurch, trotz des versöhnlichen Sinnes seines
Anführers und der Bemühungen desselben um das gute
Einvernehmen wieder herzustellen, in eine schwierige
Lage, welche mit jedem Tage bedenklicher wurde.

Es bildeten sich im Bataillone zwei Parteien;
die eine derselben war dem Commandanten feindlich
gesinnt, und schwärmte für den Grafen, dessen Gedächtniß
noch lebhaft in Sonora fortlebte, bedauerte seine Ab=
wesenheit und sehnte seine Rückkunft herbei; die andere
war zwar dem Commandanten auch nicht sehr ergeben,
doch hing sie ihm, wegen der Ehre der Fahne an.
Im Ganzen war aber die Liebe der Untergebnen zu
ihrem Vorgesetzten nur lau, und jedenfalls mußten die

Leute, bei irgend einem unvorhergesehenem Falle, sich von den Begebenheiten fortreißen lassen.

So standen die Sachen, als sich der General Alvarez gegen Santa=Anna, den Präsidenten der Republik erklärte, und alle verstreut in den Provinzen umherziehenden Anführer von Truppen zum Aufstande aufrief.

Der General Guerrero war unschlüssig, oder schien es wenigstens zu sein, für wem er sich erklären solle.

Plötzlich erfuhr man, zur allgemeinen, nicht geringen Ueberraschung, daß der Graf von Prébois=Crancé in dem Hafen von Guaymas eingelaufen sei.

Folgendes hatte sich ereignet:

Der General hatte nach der Unterredung mit seiner Tochter, welche wir zum Theile mitgetheilt haben, dem Senor Don Antonio Mendez Pavo einen Besuch abgestattet. Derselbe währte lange, und die beiden Herren hatten eine ausführliche aber geheime Unterhaltung miteinander gepflogen. Hierauf kehrte der General, indem er sich vergnügt die Hände rieb nach Hause.

Der Graf hielt sich unterdessen, traurig, verstimmt und beschämt über den Ausgang eines Feldzuges, der so glänzend begonnen hatte, in San Franzisco auf. Er war wüthend auf die Verräther, die seine Pläne vereitelt hatten, und glühte, trotz der weisen Ermahnungen Valentins, vor Verlangen sich Genugthuung zu verschaffen.

Mehre einflußreiche Personen drangen von ver=

ſchiedenen Seiten in den Grafen, ſein Unternehmen
wieder neu zu organiſiren. Man bot ihm die nöthigen
Gelder an, um Waffen anzuſchaffen und Freiwillige
anzuwerben. Louis hatte zwei geheime Zuſammen=
künfte mit zwei verwegenen Abenteurern, dem Oberſten
Walker und dem Oberſten Fremont, der ſpäter als
Candidat zu der Präſidentſchaft der Vereinigten Staaten
auftrat. Jene beiden Männer machten ihm vortheil=
hafte Anerbietungen, doch folgte der Graf dem mäch=
tigen Einfluſſe Valentins und lehnte ſie ab.

Der Graf verfiel in eine düſtere Schwermuth; er,
der ſonſt ſo wohlwollend und ſanft geweſen, wurde jetzt
hart und bitter. Er zweifelte an ſich und Anderen.
Der Verrath, deſſen Opfer er geworden, hatte ſein
Gemüth erbittert, und zwar in ſolchem Grade, daß ſeine
beſten Freunde anfingen, beſorgt zu werden.

Er ſprach nie von Dona Angela, ihr Name ſtieg
nie von ſeinem Herzen zu ſeinem Munde. Häufig aber
griff er nach der Relique, welche ſie ihm bei ihrem erſten
Begegnen gegeben hatte, und die er ſeitdem auf ſeiner
Bruſt trug. Wenn er allein war küßte er dieſelbe
unter Thränen.

Curumillas Ankunft in San Franzisco wirkte
wie ein Zauberſchlag. Der Graf ſchien plötzlich die
verloren gegebene Hoffnung wiedergefunden zu haben
und ſich neuen Illuſionen hinzugeben. Seine Lippen
lächelten wieder und ſeine Stirne heiterte ſich auf
Augenblicke auf.

Es befanden ſich zwei Männer in der Geſellſchaft

Curumillas, welche wir nicht nennen wollen, um das Buch nicht zu entweihen.

Den erhaltenen Weisungen gemäß, wußten die Männer bald den Grafen vollständig zu beherrschen und schleuderten ihn zurück in den Strom, aus welchem ihn sein Milchbruder mit so großer Mühe gezogen hatte.

Eines Abends saßen Beide in einem Hause, welches sie gemeinschaftlich bewohnten und rauchten nach eingenommener Mahlzeit.

„Du wirst mich begleiten, nicht wahr Bruder?" sagte der Graf zu Valentin gewendet.

„Du bist also entschlossen zu gehen?" antwortete Jener seufzend.

„Was haben wir hier zu thun?"

„Nichts, das ist wahr. Das Leben ist mir hier eben so drückend, wie Dir, aber vor uns breitet sich die grenzenlose Wildniß aus, dehnen sich die ungeheuren Fernen der Prairien. Warum könnten wir nicht wieder zu unserem glücklichen, freien Jägerleben greifen, statt uns auf die täuschenden Versprechungen der Mexikaner zu verlassen, deren Herzlosigkeit und schändliche Verrätherei Dir bereits so viele Leiden bereitet, und Dich dahin gebracht haben, wo Du jetzt bist."

„Es muß sein," fuhr der Graf in entschlossenem Tone fort.

„Höre," erwiederte Valentin, „Du hast nicht mehr die glühende Begeisterung, welche dich das erste Mal aufrecht erhalten hat; es fehlt Dir der Glauben und Du zweifelst selbst an Deinem Gelingen."

„Du irrſt, Bruder. Ich halte mich jetzt mehr als
damals des Gelingens verſichert, denn ich habe Diejenigen zu meinen Bundesgenoſſen, welche früher meine
bitterſten Feinde waren."

Valentin ſchlug ein höhniſches Gelächter auf.

„Biſt Du noch ſo arglos?" ſagte er.

Der Graf erröthete.

„Nein," erwiederte er, „ich will Dir nichts verhehlen.
Mein Schickſal reißt mich fort; ich weiß daß ich nicht
zum Siege, ſondern zum Tode gehe. Aber gleichviel
ich muß, will ſie wiederſehen! Hier, lies!"

Der Graf zog den Brief aus der Bruſttaſche,
welchen ihm Curumilla überbracht hatte und gab ihn
Valentin.

Derſelbe las ihn.

„Gut," ſagte er; „ich ſehe es lieber, wenn Du offen
mit mir biſt. Ich werde Dich begleiten."

„Ich danke Dir! Ach Gott!" fügte er ſchwermüthig
hinzu, „ich mache mir keine Illuſionen. Ich kenne das
alte lateiniſche Sprüchwort, welches lautet: Non bis
in idem; was ein Mal fehlgeſchlagen iſt, glückt nimmer.
Die falſchen Verſicherungen des Generals Guerrero
täuſchen mich nicht, eben ſo wenig wie die ſeines
würdigen Spiesgeſellen des Senor Pavo. Ich weiß
ſehr gut, daß mich Beide bei der erſten beſten Gelegenheit verrathen werden. Wohlan, es ſei! Habe ich dann
doch Diejenige wiedergeſehen, die mich erwartet, mich
ruft, kurz die mir Alles iſt. Falle ich, ſo ſterbe ich
eines Todes der meiner würdig iſt und Andere, Glück-

lichere werden den von mir gebahnten Weg einschlagen
und die Civilisation in den Ländern verbreiten, welche
Du und ich gewähnt haben befreien zu können."

Bei diesen Worten konnte Valentin ein trübes
Lächeln nicht unterdrücken, denn sie sprachen die Sinnesart
des Grafen vollständig aus, dessen Charakter eine selt=
same Mischung der entgegengesetztesten Elemente enthielt
und in dessen Herzen sich die Leidenschaftlichkeit, die
Begeisterung und der Stolz fortwährend bekämpften.

Am anderen Tage eröffnete Louis Werbeämter
und einige Tage darauf schiffte er sich mit seinen Frei=
willigen auf einer Goëlette ein.

Die Reise begann unter ungünstigen Umständen,
die Abenteurer litten Schiffbruch. Hätte Curumilla
den Grafen nicht mit Gefahr des eignen Lebens gerettet,
so wäre er verloren gewesen.

Die Abenteurer blieben ohngefähr zwölf Tage ver=
lassen auf einer kleinen Insel.

„Die alten Römer hätten in unserem Schiffbruch
eine Vorbedeutung gesehen," sagte der Graf seufzend,
„und würden ein Unternehmen aufgegeben haben, was
so unglücklich begonnen hat."

„Wir würden klug handeln, wenn wir ihrem Beispiele
folgten," versetzte Valentin traurig, „noch ist es Zeit."

Der Graf zuckte die Achseln und antwortete nicht.
Einige Tage später landeten sie in Guaymas.

Der Senor Pavo empfing den Grafen mit Aus=
zeichnung und bestand darauf, ihn dem Generale selbst
zuzuführen.

„Ich will Sie mit einander aussöhnen!" sagte er.

Don Louis ließ ihn gewähren. Sein Herz schlug heftig bei dem Gedanken, daß er vielleicht Dona Angela wiedersehen würde.

Dem war aber nicht so.

Der General zeigte sich äußerst zuvorkommend gegen den Grafen, er redete ihn mit geheuchelter Offenheit an und schien bereit seine Vorschläge anzunehmen.

Don Louis führte ihm zweihundert Mann zu, brachte ihm Waffen mit und stellte ihm seinen Degen zur Verfügung, wenn er die Absicht habe, sich mit dem Generale Alvarez zu vereinigen.

Der General Guerrero gab zwar keine entscheidende Antwort auf diesen Vorschlag, ließ aber blicken, daß er ihm keineswegs mißfalle. Ja, er ging noch weiter, indem er dem Grafen beinahe versprach, ihm den Befehl über das französische Bataillon zu übertragen, welches Versprechen der Graf seinerseits mit Vergnügen entgegenzunehmen schien.

Der ersten Zusammenkunft folgten mehrere andere, doch konnte der Graf, außer einer Fluth von Versicherungen von dem Generale nichts erlangen, als eine Art stillschweigender Befugniß, in Gemeinschaft mit dem früheren Befehlshaber des Bataillons, das Commando über dasselbe zu führen.

Jene Befugniß brachte übrigens dem Grafen mehr Schaden wie Nutzen, indem eine große Anzahl der Franzosen dadurch gegen ihn eingenommen wurden, und den neuen Befehlshaber, welchen der General sich heraus nahm, ihnen aufzubringen, nur mit Verdruß betrachteten.

Er war bereits seit acht Tagen in Guaymas und noch hatte der General kein Wort von Dona Angela gesagt, auch war es ihm bisher unmöglich gewesen sie zu sehen.

An dem Tage wo wir ihn bei Don Sebastian trafen, waren die Reibungen zwischen den Franzosen und den Einheimischen auf einen solchen Grad gestiegen, daß es eines sofortigen Einschreitens bedurfte, um großes Unglück zu verhüten. Mehrere Franzosen waren insultirt zwei sogar auf offener Straße erdolcht worden. Die Civicos und die Einwohner der Stadt sprachen heimliche Drohungen gegen die Freiwilligen aus, in der Luft herrschte jenes unbeschreibliche Etwas, was den großen Katastrophen voranzugehen pflegt und das man empfindet, ohne es erklären zu können.

Der General gab sich den Anschein, als ob er über die, den Franzosen zugefügten Beleidigungen, sehr entrüstet wäre; er versprach dem Grafen volle Genugthuung und die Verhaftung der Mörder.

Im Grunde aber wollte der General, ehe er einen entscheidenden Schritt that, die bedeutenden Verstärkungen erwarten, die er von Hermosillo kommen ließ und suchte nur Zeit zu gewinnen, ehe er die Franzosen vollständig vernichtete.

Der Graf entfernte sich.

Am nächsten Tage wiederholten sich die Insulten; die Franzosen sahen die Mörder, welche der General hatte bestrafen wollen, prahlend durch die Straßen stolziren.

Es entstand dadurch eine dumpfe Gährung im Bataillone und man schickte dem Generale eine zweite Deputation, an deren Spitze wieder der Graf stand.

Derselbe bestand mit Entschiedenheit darauf, daß ihnen Genugthuung gegeben werde, daß man dem Bataillone zur Wahrung seiner Sicherheit zwei Kanonen gebe und daß die Civicos sofort entwaffnet würden, denn jene gesetzlosen Menschen, welche größtentheils aus der Hefe des Volkes hervorgegangen waren, verursachten alles Unheil.

Der General versicherte wiederholt seinen guten Willen und sein Wohlwollen für die Franzosen, versprach ihnen zwei Kanonen, wollte aber von der Entwaffnun der Civicos nichts wissen, indem er vorgab, daß eine solche Maßregel Unzufriedenheit im Volke erwecken und einen üblen Eindruck machen würde.

Er begleitete die Franzosen bis an die Thür seines Besuchszimmers und erklärte ihnen daß er ihnen einen besonderen Beweis seines Vertrauens geben wolle, indem er selbst in die Kaserne käme und allein, ohne Gefolge, ihre Klagen anhören wolle.

Ein solcher Schritt war von Seiten des Generals gewagt, mußte aber eben deshalb gelingen, besonders den Franzosen gegenüber, welche Keckheit zu schützen wußten, und Unerschrockenheit zu würdigen verstanden.

Der General hielt Wort. Er kam wirklich allein in das französische Quartier, nnd gab auf die Warnungen seiner Officiere eine Antwort welche deutlich bewies wie gut er den Charakter des Grafen und den unseres Volkes kannte.

Als ihn unter Anderen ein Oberst darauf aufmerksam machte, wie unvorsichtig es sei, sich wehrlos in die Hände gereizter Männer zu begeben, welche die Kränkungen, die sie seit so langer Zeit erfahren, in die übelste Stimmung versetzt hatte sagte er:

„Lieber Oberst, sie wissen nicht, was Sie sagen. Die Gallier gleichen den Mexikanern in keiner Weise. Bei ihnen gilt die Ehre mehr als Alles. Ich weiß wohl, daß man überlegen wird, ob man mich nicht gefangen nehmen will, doch wird es Einer unter ihnen nimmermehr zugeben und mich auf eigne Gefahr in Schutz nehmen, nämlich der Graf von Prébois = Crancé."

Der General hatte richtig vermuthet und es geschah genau, wie er gesagt hatte. Der Graf widersetzte sich seiner Verhaftung energisch, obwohl dieselbe bereits beschlossen war.

Don Sebastian konnte sich entfernen, wie er gekommen war, und Niemand durfte es wagen einen Vorwurf gegen ihm laut werden zu lassen. Es gelang ihm im Gegentheile, vermöge der einschmeichelnden Redensarten, welche ihm zu Gebote standen, die Gemüther dermaßen für sich einzunehmen, daß man ihm von allen Seiten Versicherungen der Treue gab und ihm beinahe huldigte.

Der General erreichte durch diesen kecken Besuch ungeheure Vortheile, denn in Folge des Eindruckes, welchen seine Worte auf die Masse der Freiwilligen gemacht, trat nach seiner Entfernung Zwiespalt zwischen ihnen ein und sie konnten sich nicht verständigen.

Einige von ihnen wollten den Frieden um jeden Preis, andere verlangten stürmisch den Krieg, indem sie behaupteten, daß man sie hintergehe und sie noch einmal die Opfer der Mexikaner sein würden.

Die Letzteren hatten Recht und urtheilten richtig; doch wurden sie wie es gewöhnlich zu geschehen pflegt nicht angehört und schließlich griff man zu einem zwischen Beiden liegenden Mittel, was bei solchen Gelegenheiten stets verwerflich ist. Man ernannte nämlich eine Commission, welche beauftragt war, sich mit der Regierung wegen der Interessen des Bataillons zu verständigen.

Die Mine war wie man sieht, fertig und es bedurfte nur eines Funkens um eine ungeheure Feuersbrunst zu veranlassen.

XIII.

Der Anfang des Endes.

Es war Nacht; in einem kleinen Hause von Guaymas saßen Don Louis und Valentin beim Scheine eines dürftigen Lichtes beisammen, das nur eine matte unsichere Helligkeit verbreitete und unterhielten sich. Sie beriethen sich über die geeignetsten Mittel um eine schnelle Entscheidung herbeizuführen und den dunklen Umtrieben ein Ende zu machen, in welche sie der General Guerrero mit teuflischer Geschicklichkeit verwickelt hatte, während Curumilla in einem Winkel des Zimmers lag und schlief.

„Ich habe es vorhergesehen," sagte Valentin; „jetzt ist es zu spät um zurückzutreten. Wir müssen entschlossen handeln, sonst ist Alles verloren."

„Liebster Freund, ich bin auf jeden Fall verloren."

„Du wirst Dich doch nicht jetzt, wo die Stunde der Gefahr gekommen ist, niederwerfen lassen?"

„Die Gefahr scheue ich nicht, sie soll mir willkommen sein. Ich sehne mich zu sterben, Bruder."

„Muth gefaßt! Sei ein Mann! Beeile Dich aber. Hast Du nicht bemerkt, daß fortwährend neue Waffen und Munition ankommt? Glaube mir, wir müssen um jeden Preis und je eher je lieber ein Ende machen."

„Ja, ich sehe wie Du, daß uns der General täuscht. Aber meine Freiwilligen gleichen nicht denjenigen, welche ich in Hermosillo hatte. Diese zaudern, fürchten sich, was weiß ich! Ihr Anführer ist unfähig zu handeln, es ist ein Mann ohne Thatkraft. Mit solchen Menschen ist nichts auszurichten."

„Das fürchte ich auch; indessen ist es besser gleich zu wissen woran man ist, als länger in solcher Ungewißheit zu schweben."

„Die Deputirten sollen sich morgen zum Generale begeben."

„Sie sollen zum Teufel gehen! Der wird ihnen wenigstens eine deutliche Antwort geben," rief Valentin ungeduldig aus. In dem Augenblicke erschallten zwei leise Schläge an der Hausthür.

„Wer mag so spät noch kommen?" sagte der Graf, „ich erwarte Niemand."

„Gleichviel, wir wollen sehen," erwiederte Valentin; „häufig ist der unerwartete Besuch der angenehmste."

Er ging und öffnete die Thür.

Kaum hatte er sie halb geöffnet, als eine Frau in das Haus stürzte, und dem Jäger mit vor Schrecken bebender Stimme zurief:

„Seht! seht! man folgt mir!"

Valentin eilte hinaus.

Obwohl die Frau vollständig in ihrem Robozo verhüllt war, erkannte sie doch der Graf sofort. Welche andere Frau, als Dona Angela hätte auf solche Weise kommen können?

Sie war es wirklich.

Der Graf fing sie halb ohnmächtig in seinen Armen auf, legte sie auf einer Butacca nieder und widmete ihr die Pflege, welche ihr Zustand forderte.

„Um des Himmels Willen rede!" rief er aus, „was ist geschehen?"

Das junge Mädchen richtete sich nach einer Weile auf, strich wiederholt mit der Hand über ihre Stirn und blickte den Grafen mit einem unaussprechlich glücklichen Ausdrucke an.

„Sehe ich Dich endlich wieder, mein Liebster!" rief sie, in Thränen ausbrechend aus, indem sie sich leidenschaftlich in seine Arme stürzte.

Don Louis erwiederte ihre Liebkosungen und suchte
sie zu beruhigen.

Das junge Mädchen befand sich in einem Zu=
stande seltsamer, nervöser Aufregung. Ihre großen
schwarzen Augen blickten starr, ihr Gesicht war todten=
blaß und ihre Glieder bebten krampfhaft.

„Liebes Kind, was ist Dir? Rede um Gottes=
willen, erkläre Dich Angela; ich beschwöre Dich, bei
unserer Liebe, sprich!"

„Bei unserer Liebe, mein armes Herz? — pobre
querido de mi corazon —" sagte sie seufzend und
drückte seine Hand zwischen der ihrigen. „Zweifelst Du
an meiner Liebe? Ach, ich liebe Dich bis in den Tod
Don Louis, ich werde an meiner Liebe sterben!"

„Rede nicht also, mein geliebter Engel! Verscheuche
so düstere Gedanken, wir wollen nur an unsere Liebe
denken."

„Nein, Don Louis, ich bin nicht gekommen um Dir
meine Liebe zu betheuern sondern um Dich zu retten."

„Mich zu retten!" rief er mit geheuchelter Heiter=
keit, „meinst Du, daß ich in so großer Gefahr schwebe?"

„Morgen Don Louis, droht Dir eine große Gefahr!
Merke wohl auf meine Worte, und sieh mich nicht so
ungläubig lächelnd an, morgen bist Du verloren! Alle
Maßregeln sind getroffen, ich habe Alles mit angehört.
Es ist entsetzlich! Auf solche Weise habe ich erst Deine
Anwesenheit in Guaymas erfahren. Da bin ich ver=
zweifelnd und außer mir hergeeilt um Dir zuzurufen:
Flieh, flieh, Don Louis!"

„Fliehen!" sagte er nachdenklich. „Soll ich Dich wieder und zwar für immer verlieren, Angela? Nein, lieber will ich sterben."

„Ich fliehe mit Dir. Bin ich nicht Deine Braut, und Deine Frau vor Gott? Komm, komm, Louis; fort, verlieren wir keinen Augenblick! Negro, Dein Pferd wird uns binnen zwei Stunden außerhalb des Bereiches unserer Verfolger bringen. Nimm aber Deine Waffen mit, denn ein Mann hat mich auf meinem Wege von dem Hause meines Vaters bis hierher verfolgt."

Sie redete wie in der Fieberhitze mit seltsamer Hast. Der Graf war unschlüssig was er thun solle. Plötzlich erhob sich ein ziemlich lautes Geräusch auf der Straße und die Thür welche nur angelehnt war wurde weit geöffnet.

„Rette mich! rette mich!" rief das arme Kind, von unbeschreiblichem Schrecken erfaßt, aus.

Don Louis griff nach seinen Pistolen und stellte sich entschlossen vor sie.

„Du wirst kommen müssen, Elender!" rief Valentins Stimme von Außen; „ich lasse Dich nicht los. Geh' vorwärts, sonst spieße ich Dich mit meinem Dolche auf."

Bei diesen Worten erschien der Jäger in der offenen Thür, und schleppte mit gewaltiger Anstrengung einen Mann nach sich, der sich auf das Aeußerste anstrengte um zu entkommen.

„Schließe die Thür, Louis," fuhr Valentin fort.

„Jetzt, mein würdiger Spion, wirst Du mir Dein Gesicht zeigen, damit ich Dein Schurkengesicht kenne."

Louis hatte sich beeilt, der Weisung Valentins zu gehorchen. Curumilla erhob sich aus dem Winkel, wo er bisher geschlafen, und zog ohne ein Wort zu sagen Dona Angela hinter einen Moskitovorhang, wo sie vollständig verborgen war. Hierauf griff er nach dem Caudil und trat zu seinen Freunden.

Der Gefangene leistete unterdessen verzweifelten Widerstand um zu verhüten, daß man sein Gesicht enthülle; er sagte aber kein Wort, sondern begnügte sich seiner Wuth durch dumpfe unverständliche Laute Luft zu machen.

Endlich nach langem Ringen, schien der Unbekannte einzusehen das ein längerer Widerstand erfolglos sein würde; er richtete sich auf, warf seinen Mantel ab, kreuzte die Arme über der Brust und sagte in höhnischem Tone:

„Wohlan, seht mich an, da Euch so sehr darnach verlangt!"

„Don Cornelio!" riefen die Franzosen aus.

„Er selbst, meine Herren! Wie ist es Ihnen gegangen, seitdem ich zuletzt das Vergnügen hatte Sie zu sehen?" sagte er mit bewunderungswürdiger Zuversicht.

„Elender Verräther!" rief Valentin aus, und stürzte auf ihn zu.

Der Graf hielt ihn zurück.

„Warte," sagte er.

„Ich habe Euch verrathen, das ist wahr," ant-

wortete Don Cornelio, „was weiter? Wahrscheinlich lag
es in meinem Interesse es zu thun. Ich weiß im Voraus,
was Sie mir erwiedern werden, daß Sie mir bedeutende
Dienste erwiesen hatten u. s. w. Was will das heißen?
Haben Sie mir doch in einem einzigen Tage mehr Leid
zugefügt, als Sie mir je Gutes erwiesen."

„Ich hätte Dir ein Leid zugefügt? Du lügst,
Elender!"

„Herr Graf," antwortete Don Cornelio in hoch-
müthigem Tone, „ich erlaube mir, Sie daran zu er-
innern, daß ich ein Edelmann bin, und nicht zugeben
kann, daß Sie also zu mir reden."

„Der Wicht ist von Sinnen, auf Ehre!" rief der
Graf mitleidig lachend aus; „laß ihn los, Bruder, er
ist unseres Zornes nicht würdig und verdient nur unsere
Verachtung."

„Mit Nichten!" versetzte Valentin eifrig, „der
Mann ist der böse Geist des Generals, wir dürfen ihn
nicht so gehen lassen."

„Was wollen wir mit ihm anfangen? Früher oder
später müssen wir ihn doch laufen lassen."

„Möglich, vorläufig aber wollen wir ihn Curumilla anvertrauen, er wird es übernehmen ihn zu hüten."

Der Indianer nickte beifällig, faßte Don Cornelio
und schleppte ihn mit fort.

Letzterer ließ es willenlos geschehen.

„Auf Wiedersehen, meine Herren," sagte er mit
höhnischem Lächeln.

Der Indianer warf ihm einen bedeutsamen Blick zu und brachte ihn in ein anderes Zimmer.

Dona Angela trat hinter ihrem Verstecke hervor.

„Ich erwarte Dich, Don Louis," sagte sie.

Der Graf schüttelte traurig den Kopf.

„Ich kann leider nicht fliehen," sagte er, „mein Leben gehört mir nicht. Ich habe meinen Gefährten geschworen sie nicht zu verlassen, ich würde mich wie ein Verräther benehmen wenn ich flüchtete."

Dona Angela trat zu ihm, neigte anmuthig den Kopf und sagte:

„Lebe wohl, Don Louis, Du handelst als ein Caballero, folge Deinem Schicksale, denn Deine Ehre ist mir so theuer wie Dir und ich kann nur wünschen, daß Du sie rein von Makel erhaltest. Ich dringe nicht mehr in Dich, lebe wohl! Küsse mich auf die Stirn wir werden uns nur an unserem Todestage wiedersehen."

Plötzlich ertönte ein Schrei auf der Straße, ein so entsetzlicher Schrei, daß alle drei schauderten.

Die Thür ging auf und Curumilla trat ein; sein Gesicht war eben so ruhig und sein Schritt eben so gelassen wie immer.

„Ihr seid wohl durch die Thür des Coral hinaus-gegangen, Häuptling?" fragte Valentin.

„Ja."

„Was habt Ihr mit Don Cornelio angefangen?"

„Frei!" sagte der Indianer.

„Wie so, frei?" fragte Don Louis.

„Darunter steckt etwas," sagte der Jäger. „Warum habt Ihr dem Menschen die Freiheit wiedergegeben?"

Curumilla zog sein Messer aus dem Gürtel; die Klinge desselben war von Blut geröthet.

„Wir haben ihn nicht mehr zu fürchten," sagte er.

„Habt Ihr ihn getödtet?" riefen alle drei einstimmig.

„Nein," sagte er; „er ist stumm und blind."

„Ach!" riefen die Anwesenden entsetzt aus.

Curumilla hatte Don Cornelio mit seinem Scalpirmesser ohne Umstände die Augen ausgestochen und die Zunge abgeschnitten, ihn hierauf nach dem entgegengesetzten Theile der Stadt geführt, und dort seinem Schicksale überlassen.

Valentin und Don Louis hielten es für überflüssig dem Häuptlinge Vorwürfe zu machen, die an der Sache nichts mehr ändern konnten und die der Araucan überdies nicht verstehen würde. Sie enthielten sich daher jeder Bemerkung.

Dona Angela wollte, trotz der dringenden Bitten des Grafen nicht zugeben, daß er sie nach dem Hause ihres Vaters zurückbringe. Sie neigte sich zu ihm, flüsterte ihm in's Ohr: „Hüte Dich, morgen Don Louis!" und entfernte sich.

Der Graf lächelte, sie entschlüpfte wie ein Vogel und ließ das dürftige Gemach, welches sie eine Zeit lang durch ihre Gegenwart verherrlicht hatte, um so öder und verlassener zurück.

„Wie es scheint," sagte der Graf, indem er auf einer Butacca niedersank, „ist es morgen zu Ende; desto besser. Doch soll Derjenige, der mich fassen will, theuer dafür büßen. Am nächsten Tage erschienen, verabredetermaßen die Deputirten der Freiwilligen bei dem Generale; er empfing sie wie immer und überhäufte sie mit Betheuerungen und Versprechungen.

Die Deputirten drangen auf eine Entscheidung; Don Sebastian, der wahrscheinlich den längst vorbereiteten Streich ausführen wollte, nahm plötzlich einen anderen Ton an und schickte sie mit der Weisung fort auf seinen Beschluß zu warten.

Die Deputirten entfernten sich, entrüstet über die Falschheit des Mannes, welchem sie so schwach gewesen zu vertrauen, und der ihnen nun deutlich zeigte, daß er ihrer nur gespottet habe.

Die Freiwilligen harrten ängstlich der Antwort, welche die Deputirten überbringen sollten. Als dieselben berichteten, was geschehen war, stieg die Entrüstung auf den höchsten Grad. Man rief zu den Waffen; und Jedermann bereitete sich auf den Kampf vor.

Der Anführer des Bataillons wußte nicht auf wem er hören solle.

„Lassen Sie ein Carré bilden," sagte der Graf.

Der Befehl wurde befolgt.

Der Graf stellte sich in die Mitte des Carrés und gebot mit erhobener Hand Ruhe.

Alle schwiegen.

Jedermann erkannte den Ernst des Augenblickes.

Der Graf konnte sich einer gewissen Bangigkeit nicht erwehren, welche sich auf seinen edlen Zügen malte. Nicht für seine eigene Person hegte er Befürchtungen doch fühlte er daß er den letzten Wurf wage und daß derselbe entscheidend sei. Aller Augen waren auf ihn gerichtet.

„Sie zaudern, Graf?" sagte ein Officier zu ihm. „Weshalb sind Sie denn gekommen? Sind Sie nicht mehr der Held von Hermosillo?"

Bei dieser empfindlichen Mahnung flammte eine tiefe Röthe auf den Wangen des Grafen und er bebte sichtlich zusammen.

„Nein!" rief er aus; „nein, bei Gott, ich zaudere nicht! Bedenkt Euch, meine Freunde, noch ist es Zeit. Vergeßt nicht, daß wir, sobald der Säbel gezückt ist, vogelfrei sind. Was entscheidet Ihr?"

„Den Kampf, den Kampf!" riefen die Freiwilligen begeistert aus, indem Sie ihre Waffen schwangen.

Da richtete sich der Graf in die Höhe, zog seinen Degen, schwang ihn über seinem Kopfe und sagte:

„Ihr wollt es?"

„Ja! ja!"

„Vorwärts denn! Es lebe Frankreich!"

„Es lebe Frankreich!" antworteten die Freiwilligen. Das in vier Compagnien getheilte Bataillon verließ das Quartier mit entschlossener Haltung und eilte im Sturmschritte nach der mexikanischen Kaserne.

Unglücklicherweise herrschte, wie gesagt, Zwiespalt unter den Franzosen und viele derselben gingen nur widerstrebend mit, oder wurden von ihren Cameraden mit fortgerissen.

Der Anführer des Bataillons war zwar ein Mann der persönlichen Muth besaß, doch ging ihm die Gabe einen Handstreich auszuführen ab, wie denjenigen, welchen die Freiwilligen beabsichtigten.

Der Graf hatte aus Zartgefühl, und um ein einmüthiges Handeln zu erzielen, den Fehler begangen, den Oberbefehl abzulehnen, welchen ihm die Officiere und Soldaten anboten.

Das Bataillon schritt von drei verschiedenen Seiten auf die mexikanische Kaserne zu.

Der General Guerrero war aber bereits lange vorbereitet. Er hatte sich mit dreihundert Mann Linientruppen in der Kaserne eingeschlossen, die angrenzenden Häuser waren von den Civicos besetzt und vier Kanonen bestrichen die vier Seiten, von welchen aus es allein möglich war, einen Sturm zu unternehmen.

Die Franzosen zählten nur dreihundert entmuthigte Leute; die Mexikaner hingegen beinahe zweitausend.

Der Kampf wurde indessen von beiden Seiten mit Nachdruck begonnen; der erste Anlauf war, was er sein sollte, nämlich ausgezeichnet.

Die mexikanischen Kanonen waren auf die Angreifer gerichtet und lichteten ihre Reihen auf das Furchtbarste. Trotzdem hielten dieselben Stand und fuhren fort vorzudringen; der Graf feuerte sie durch sein Beispiel an, indem er mit der Rifle in der einen und dem Degen in der anderen Hand, funfzehn Schritt vor der

Colonne einherschritt, und ihnen mitten aus dem Kugel-
regel zurief:

„Vorwärts! vorwärts!"

Plötzlich verlor der Bataillons-Commandant den
Kopf, als er sah wie die Kartätschen seine Compagnie
lichteten, und statt die Bewegung auf dem rechten Flügel
zu unterstützen, wich er in der größten Unordnung nach
der Richtung des französischen Quartiers zurück.

Der Graf bemühte sich vergebens die Freiwilligen
zusammenzuhalten; die Verwirrung wurde allgemein,
und alle seine Anstrengungen blieben erfolglos.

Da sah der Graf ein, welchen Fehler er begangen
hatte, indem er den Oberbefehl ablehnte.

Die mexikanischen Kanonen hatten unterdessen aufgehört zu schießen weil die Artilleristen gefallen waren.

„Vorwärts! Zu den Bajonetten!" rief der Graf,
indem er in Begleitung Valentins und Curumillas, die
nicht von seiner Seite wichen, vordrang; ohngefähr
zwanzig Freiwillige folgten ihm.

Der Graf stürmte gegen die Mauer der Kaserne
an, es gelang ihm sie zu ersteigen, und er stellte sich
aufrecht auf den Rand derselben, trotzdem er dem feindlichen Feuer vollständig Preis gegeben war.

„Vorwärts! vorwärts!" rief er immerwährend.

Sein von den Kugeln durchlöcherter Hut flog von
seinem Kopfe, und mehre Bajonettstiche zersetzten seine
Kleider.

Es entstand ein furchtbares Handgemenge.

Unglücklicherweise zählten die Franzosen kaum fünfzehn Köpfe. Nachdem sie sich heldenmüthig geschlagen, um ihre Stellung zu behaupten, sahen sie sich gezwungen zu weichen. Doch wichen sie wie Löwen, mit dem Gesichte zu dem Feinde gewendet und unaufhörlich kämpfend.

Der Graf knirschte vor Wuth, Thränen des Zornes benetzten seine Wangen, als er sich also verlassen sah und er wünschte zu sterben. Doch stürzte er sich vergebens in das dichteste Gewühl überall schützten ihn seine beiden Freunde vor den Streichen, die nach ihm geführt wurden.

Endlich begann die Flucht; der Graf zerbrach seinen Degen, und warf den Feinden, die er, wenn er wacker unterstützt wurde, hätte besiegen können, und welche ihm jetzt entgingen, einen Blick ohnmächtiger Wuth zu.

Valentin und Curumilla schleppten ihn mit sich fort nach dem Hafen.

Das Schiff, welches sie hergebracht hatte, war während des Kampfes abgesegelt, es war unmöglich zu fliehen.

In dieser Noth konnte nur ein Haus den Besiegten eine Zufluchtsstätte bieten. Es war dasjenige des französischen Bevollmächtigten. Dorthin eilten die Freiwilligen.

Der Senor Pavo versprach allen Denjenigen den Schutz der französischen Flagge die ihre Waffen in seine Hände liefern würden.

Der Graf war in das Haus geeilt, und hatte sich auf einen Stuhl geworfen, von wo er Allem, was um ihn her vorging, gleichgültig zuschaute. Aber Valentin wachte.“

„Einen Augenblick, Senor Pavo," sagte er. „Ver=
sprechen Sie dem Grafen von Prébois=Crancé daß man
sein Leben nicht antasten wird?"

Der Mexikaner warf dem Jäger einen scheelen Blick
zu, antwortete aber nicht.

„Keine Ausflüchte, mein Herr," fuhr Valentin
fort, „ich verlange eine klare Antwort, sonst fangen
wir den Kampf von Neuem an!"

Dieser Erklärung gegenüber galt kein Zaudern,
der Senor Pavo entschied sich.

„Meine Herrn," sagte er in hellem verständlichem
Tone, „ich schwöre bei meiner Ehre, daß das Leben
des Grafen von Prébois=Crancé geschont werden soll."

„Wir nehmen Ihr Wort als Unterpfand," sagte
Valentin in strengem Tone.

Don Antonio ließ zum Zeichen des Friedens das
weiße Banner wehen; fast das ganze Bataillon der Frei=
willigen hatte sich in das Haus geflüchtet.

Der Kampf war beendet, nachdem er drei Stunden
gedauert hatte.

Die Franzosen zählten achtunddreißig Todte und drei=
undsechzig Verwundete auf eine Zahl von dreihundert Mann.

Die Mexikaner hatten fünfunddreißig Mann ver=
loren, und von ohngefähr zweitausend Soldaten waren
hundert und siebenundvierzig verwundet.

Der Sieg war ihnen hartnäckig streitig gemacht
worden und die Sieger mußten für den durch Verrath
erkauften Vortheil schwer büßen.

XIV.

Das traurige Ende.

Gleich nach beendetem Kampfe entspann sich zwischen Don Antonio Pavo und dem Generale Guerrero eine höchst erbauliche Comödie.

Der General wollte nichts davon hören, den Franzosen einen schriftlichen Vertrag auszustellen, sondern begnügte sich sein Ehrenwort als Officier und General zu verpfänden, daß allen Rebellen das Leben geschenkt werden solle, wenn man ihm die Waffen sofort ausliefere.

Don Antonio war gezwungen nachzugeben, man lieferte daher die Waffen aus, die Franzosen wurden, zu Kriegsgefangenen gemacht und als solche einregistrirt.

Nach eingetretener Dunkelheit erschien der Oberst Suarez in Begleitung vier anderer Officiere bei Don Antonio Pavo und verlangte im Namen des Generals Guerrero, daß ihm der Graf von Próbois-Crancé sofort ausgeliefert werde.

Don Antonio gehorchte schleunigst, indem er dem Grafen bedeutete, daß er sein Haus zu verlassen habe.

Derselbe warf ihm, ohne zu antworten, einen Blick grenzenloser Verachtung zu und stellte sich dem Obersten.

Eine Viertelstunde später befand er sich in Einzelhaft in einer geheimen Zelle.

Von allen Kämpfern waren nur Zwei entkommen,

nämlich Valentin und Curumilla und zwar auf den ausdrücklichen Befehl des Grafen.

Wir wiederholen abermals, daß zwar einige Namen und Begebenheiten unserer Erzählung aus gebotenen Rücksichten mit Willen umgeändert und entstellt worden sind, dennoch ist es kein Roman, sondern die Lebensgeschichte eines Mannes, dessen Name seinen Landsleuten stets theuer bleiben muß, welche wir erzählen. Wir können und dürfen daher gewisse Dinge nicht verschweigen, obwohl wir im Verlaufe der langen Erzählung manche Einzelheiten gemildert haben, welche in ihrer abscheulichen Wirklichkeit wiederzugeben, uns widerstand.

Trotz des feierlichen Versprechens, welches Don Antonio Pavo den Freiwilligen gegeben hatte, begann wenige Tage nach der unrechtmäßigen Verhaftung des Grafen eine gerichtliche Untersuchung gegen ihn.

Die Europäer waren über eine solche Wortbrüchigkeit empört und mehre von ihnen gingen zu Don Antonio Pavo um ihn an sein Versprechen zu mahnen und ihn aufzufordern, es zu halten.

Don Antonio gab ihnen zur Antwort, daß er niemals etwas versprochen habe, und ihm die ganze Sache nichts angehe.

Die Untersuchung gegen den Grafen wurde unterdessen eifrig betrieben, und sämmtliche Officiere, ja selbst der Commandant des Regimentes, wurden vernommen; Alle, außer einem Einzigen, suchten, wie wir gezwungen sind zu bekennen, den ganzen Tadel auf den Grafen zu schieben.

Man vernahm keine Entlastungszeugen. Wozu hätte es auch nützen sollen? War doch der Angeklagte im Voraus verurtheilt.

Als man den Grafen verhaftete, trug er noch die Pistolen im Gürtel, mit welchen er in den Kampf gezogen war. Der General Guerrero befahl, sie ihm zu lassen. Wahrscheinlich hoffte er, daß sich Don Louis in einer Anwandlung von Verzweiflung erschießen würde, wodurch ihm die Schmach erspart worden wäre sein Todesurtheil zu unterzeichnen. Er kannte aber den Charakter seines Feindes nicht. Jener erhabene Probirstein, welchen man das Unglück nennt, hatte die Seele des Grafen zu sehr geläutert, um den Gedanken in ihm aufkommen zu lassen seine Laufbahn durch einen Selbstmord zu enden und zu entehren.

Valentin war unterdessen auch nicht unthätig geblieben; denn er hatte nur in der Hoffnung, seinen Milchbruder retten zu können, darein gewilligt, seine Freiheit anzunehmen.

Zwei bis drei Tage, nachdem der Graf aus der geheimen Haft in das gewöhnliche Gefängniß übergegangen war, öffnete sich gegen Abend seine Zelle.

Er drehte sich unwillkürlich um, um den Eintretenden anzusehen, worauf er einen Freudenschrei ausstieß und ihm entgegeneilte. Es war Valentin.

„Du! bist Du es!" rief er aus; „Dank, tausend Dank, daß Du gekommen bist!"

„Hast Du mich nicht erwartet, Bruder?" fragte der Jäger.

„Ich hoffte auf Deinen Besuch, ohne zu wagen darauf zu rechnen. Du bist gewiß tausend Nachstellungen ausgesetzt und gezwungen Dich versteckt zu halten?"

„Ich? Keineswegs."

„Desto besser. Du kannst Dir nicht vorstellen, wie glücklich es mich macht Dich wiederzusehen. Wer begleitet Dich denn aber?"

Valentin war nicht allein gekommen; es war noch Jemand mit ihm eingetreten der unbeweglich an der Thür des Gefängnisses stehen blieb, welche der Gefangenwärter hinter den Besuchern wieder verschlossen hatte.

„Kümmere Dich jetzt nicht um meinen Begleiter," erwiederte Valentin, „laß uns von Geschäften reden."

„Es sei, rede."

„Du weißt, daß man Dich zum Tode verurtheilen wird, nicht wahr?" sagte der Jäger unumwunden.

„Ich vermuthe es."

„Gut! Höre mich also jetzt an, und vor Allem unterbrich mich nicht; die Zeit ist kostbar, wir müssen sie benutzen. Du wirst leicht begreifen, daß ich nur deshalb darein gewilligt habe, Dir zu gehorchen, als Du mir befahlst mich zu retten, weil ich bereits ahnte, welche Wendung die Dinge nehmen würden. Jetzt ist der Augenblick des Handelns gekommen. Es ist Alles zu Deiner Flucht vorbereitet, die Gefangenwärter sind bestochen, und werden Dein Entweichen aus dem Gefängnisse nicht sehen. Ich habe ein Schiff ausgerüstet, nimm also Deinen Hut und komm. In zehn Minuten werden wir an Bord sein und in einer halben Stunde

lichten wir die Anker und lassen der mexikanischen
Gerechtigkeit die Sorge sich allein aus der Verlegenheit
zu ziehen. Was sagst Du, Bruder, habe ich meine
Zeit nicht gut benutzt? Wie Du siehst, habe ich keinen
Augenblick verloren und mein Vorschlag ist sehr einfach."

„Sehr einfach, das ist wahr," antwortete der
Graf gelassen; ich danke Dir für Deine Bemühung."

„Es ist wirklich nicht der Rede werth, Bruder."

Der Graf legte seine Hand auf den Arm des
Jägers und sagte, ihn unterbrechend:

„Ich kann nur Deinen Vorschlag nicht annehmen."

„Wie?" antwortete Valentin überrascht aufsprin-
gend, „was redest Du da, Bruder? Vermuthlich scherzest Du."

„Keineswegs, Bruder, ich sage die Wahrheit. Es
ist mein unabänderlicher Entschluß, den Mexikanern den
Makel meines unverdienten Todes zu hinterlassen. Ich
werde nicht fliehen, weil ich es nicht kann und darf,
ohne ehrlos zu erscheinen. Ein Soldat verläßt seinen
Posten nicht, und ein Edelmann schändet nicht sein
Wappen. Ein Franzose hat nicht das Recht, seinen
Namen zu entehren. Ich sterbe für eine große und
gerechte Sache, die Befreiung und Veredlung eines
Volkes. Dieselbe bedurfte einer blutigen Weihe um zu
gedeihen und später Früchte zu tragen. Ich widme
ihr mein Blut ohne Klage, ohne Hinterhalt freudig,
ja, ich möchte sagen mit Wonne. Im Gefängnisse rei-
fen die Gedanken schnell, Bruder; wahrscheinlich weil
man dem Grabe näher ist, und das Leben in seiner
wahren Gestalt erblickt, nämlich als einen Traum.

Ich habe viel nachgedacht, viel gegrübelt, habe das Für und Wider beider Fragen mit Bedacht erwogen und ziehe den Tod vor. Ich wußte, daß Du für mich thätig sein würdest. War doch Dein ganzes Leben ein Bild der Treue, doch mußt Du heute das größte Opfer der Freundschaft bringen und mich sterben lassen! Suche nicht mich zu retten. Ein Mensch wie ich darf nicht um sein Leben feilschen. Ich habe von Vornherein meinen Kopf als Einsatz des Spieles, welches ich wagte eingelegt, ich habe verloren und muß zahlen."

„Bruder, Bruder! Rede nicht also," rief Valentin außer sich aus; „Du brichst mir das Herz!"

„Ueberlege selbst, mein guter Valentin, in welcher Lage ich mich befinde. Ich bin wider alles Menschenrecht verurtheilt worden, meine Lage ist daher schön, denn die ganze Schmach meiner Verurtheilung fällt auf meine Richter zurück. Sobald ich fliehe, stempele ich mich selbst zu einem gemeinen Abenteurer, einem Räuber, wie sie sagen, der das Blut seiner Gefährten vergeudete, um sein eigenes zu schonen. Muß ich nicht meine Verpflichtung gegen Alle erfüllen die im Kampfe für meine Sache gefallen sind? Du siehst, daß es fruchtlos ist mir widerlegen zu wollen, Bruder, denn mein Entschluß ist unabänderlich gefaßt, ich wiederhole es.

„Ja," rief Valentin mit aufwallendem Zorne aus, welchem er nicht zu gebieten vermochte, „Du willst durchaus sterben. Hast Du auch bedacht, daß Dein Tod noch einen Menschen in's Grab ziehen wird? Meinst Du daß sie wird leben wollen, wenn......"

„Schweig!" fiel ihm der Graf mit Heftigkeit ins Wort, „rede mir nicht von ihr. Die arme Angela! Ach, warum mußte sie mich lieben!"

„Warum?" rief plötzlich die an der Thür stehende Gestalt aus, die bisher unbeweglich da gestanden hatte, „weil Du groß bist, Don Louis, weil Dein Herz unergründlich ist."

„Ach!" rief er in schmerzlichem Tone, „Angela! Bruder, was hast Du gethan?"

Der Jäger antwortete nicht, er weinte. Der eiserne Mann war gebrochen und weinte wie ein Kind.

„Wirf ihm nicht vor mich hergebracht zu haben, Don Louis, ich habe es gewollt, habe darauf bestanden zu Dir gebracht zu werden."

„Ach," rief der Graf mit unaussprechlicher Trauer aus, „armes, liebes Kind, Du brichst mir das Herz! Vor Dir bricht mein Muth zusammen, verläßt mich meine Festigkeit. Warum habt Ihr durch Eure Gegenwart Schmerzen aufgeweckt die ich nicht werde wieder einschläfern können?"

„Du irrst, Don Louis," antwortete sie mit fieberhafter Hast, „wenn Du mich für ein schwaches, muthloses Weib hältst. Meine Liebe zu Dir ist zu innig und lauter als daß ich Dir je zu etwas rathen sollte was Deiner Ehre, oder Deinem Ruhme Eintrag thun könnte. Eben jetzt habe ich, in jenem dunklen Winkel begierig auf Deine Worte gelauscht und fühlte mich glücklich, Dich so reden zu hören, wie Du es thatest."

„Ich liebe Dich, Don Louis, wie auf Erden noch kein Mensch geliebt wurde, ich liebe Dich aber um Deinet= nicht um meinetwillen. Dein Ruhm ist mir so theuer wie Dir selbst und Dein Gedächtniß soll so makellos bleiben, wie es Dein Leben stets gewesen ist. Höre mich, Don Louis, für welchen ich mein Leben hingeben würde, wenn es sein müßte, wenn ich Dir sage, daß ich gekommen bin um Dir zuzu= rufen: Stirb, Graf, stirb heldenmüthig und mit stolzer Haltung! Falle wie ein Held, Du hinterläsfest den Ruf eines Märtyrers.

„Ich danke, danke Dir innig, Angela, für Deine Worte," rief der Graf aus, indem er sie leidenschaftlich und entzückt an sein Herz drückte, „Du giebst mir den Muth wieder!"

„Jetzt lebe wohl, Graf, auf baldiges Wiederſehen!"
Der Graf trat zu Valentin.

„Gieb mir die Hand, Bruder," sagte er, „und verzeihe mir, daß ich nicht leben will."

Der Jäger stürzte sich in die Arme seines Milch= bruders und Beide hielten sich lange umfaßt.

Endlich riß sich der Graf mit gewaltiger An= strengung, aus der innigen Umarmung los. Valentin entfernte sich, ohne eines Wortes mächtig zu sein und stützte Dona Angela, welche trotz des Muthes, den sie bewiesen hatte, halb ohnmächtig war.

Die Thür schloß sich hinter ihnen, und der Graf blieb allein. Er sank auf seinen Equipal, stützte beide Ellbogen auf den Tisch, verbarg seinen Kopf in den

Händen und blieb die ganze Nacht in dieser Stellung sitzen.

Am anderen Tage wurde Don Louis zeitig abgeholt um vor das Gericht geführt zu werden; die Untersuchung war geschlossen und die Vertheidigung sollte beginnen.

Der Graf hatte einen jungen Capitain, Namens Borunda, zu seinem Vertheidiger gewählt, welchen die Franzosen bei der Einnahme von Hermosillo, als sie die Brücke angriffen, gefangen genommen hatten.

Borunda hatte nicht vergessen, wie großmüthig ihm der Graf damals begegnet war. Er hielt eine Vertheidigungsrede wie man sie von dem jungen, edelgesinntem Officiere erwarten durfte, nämlich einfach aber ergreifend und von dem Drange des Herzens eingegeben der wieder zu den Herzen spricht. Wäre nicht der Tod des Grafen im Voraus beschlossen gewesen, so hätte man ihn sicherlich freigesprochen.

Don Louis, der der ganzen Verhandlung ruhig und gelassen beiwohnte, die falschen Aussagen und Verleumbungen der Zeugen mit Fassung anhörte und den Undankbaren, die ihn schändlich opferten, keinen Vorwurf machte, fühlte sich von den warmen Worten seines Vertheidigers ergriffen. Er stand auf, reichte ihm mit unaussprechlich anmuthiger Geberde die Hand und sagte:

„Nehmen Sie meinen Dank, mein Herr. Ich schätze mich glücklich unter so zahlreichen Feinden, einen Mann wie Sie getroffen zu haben. Ihre Rede war ohne Tadel, solche Worte lassen sich durch kein Gold erkaufen."

Hierauf zog er einen Ring mit seinem Wappen vom Finger, welchen er seit seiner Abreise von Frankreich stets getragen hatte, steckte ihn dem Capitain an und fügte hinzu:

„Nehmen Sie diesen Ring, und tragen Sie ihn zu meinem Andenken."

Der Capitain drückte ihm die Hand, ohne ein Wort erwiedern zu können.

Die Richter entfernten sich, um sich zu berathen Nach Verlauf von fünf Minuten kamen sie wieder.

Der Graf von Prébois-Crancé wurde einstimmig für schuldig erkannt, und nach Kriegsrechte zum Tode des Erschießens verurtheilt.

Der vereidete Dolmetscher des Gerichtes wurde hierauf aufgefordert, dem Verurtheilten den Richterspruch zu verlesen; doch da ereignete sich etwas Seltsames.

Der Beamte stand auf, wandte sich zu dem Gerichtshofe und sagte in entschiedenem Tone:

„Nein meine Herren, ich werde nicht ein so ungerechtes Urtheil vorlesen, welches gefällt zu haben Sie bald selbst bereuen werden."

Diese entschlossene Erklärung machte die Richter einen Augenblick betroffen.

Der Dolmetscher wurde auf der Stelle seines Amtes entsetzt. Es war ein Spanier.

„Meine Herren," sagte nun der Graf mit der größten Kaltblütigkeit, „Ihre Sprache ist mir hin-

länglich geläufig um mir begreiflich zu machen, daß
Sie mich zum Tode verurtheilt haben. Möge Ihnen
Gott verzeihen, wie ich es thue."

Er grüßte hierauf den Gerichtshof lächelnd und
entfernte sich eben so gelassen wie er gekommen war.

Man brachte den Grafen sofort in Capilla.

In Spanien und im ganzen südlichen Amerika
nämlich, führt man die zum Tode Verurtheilten in
ein Zimmer in dessen Hintergrunde ein Altar errichtet
ist. Neben dem Bett des Verurtheilten stellt man den
Sarg hin, in welcher sein Leichnam nach vollzogener Hin=
richtung gelegt werden soll. Die Wände werden mit
schwarzem Tuche verhangen, auf welchem silberne
Thränen und Sprüche glänzen, die sich auf den Tod
beziehen. Jener Gebrauch, der unserer Ansicht nach,
ziemlich grausam ist, und offenbar aus der barbarischen
Periode des Mittelalters stammt, soll wahrscheinlich
dazu dienen, den Verurtheilten zur Buße zu ermahnen.

Dieses leichenhafte Gepränge machte keinen Ein=
druck auf den Grafen und er beschäftigte sich mit der
größten Ruhe damit seine Angelegenheiten zu ordnen.

An demselben Tage, wo man ihn in Capilla ge=
bracht hatte, trat Valentin in Begleitung des Paters
Seraphin in seine Zelle.

Von allen Priestern, deren Beistand er in seinen
letzten Stunden hätte wünschen können, würde er vor
Allen den würdigen Missionair gewählt haben, wenn
er gewußt hätte, daß er zu erlangen sei.

Valentin dachte aber an Alles. Auf sein Geheiß

war Curumilla auf Kundschaft ausgezogen und bald
hatte der wackere Indianer den Missionair aufgefunden,
der ihm schleunigst folgte, sobald er erfuhr, um was
es sich handele.

Die Verurtheilung des Grafen hatte große Sen=
sation gemacht. Während die Civicos und die übrigen
Gauner der Stadt eine unziemliche Freude an den
Tag legten, und die Straßen mit Musik durchzogen,
zeigte die bessere Gesellschaft sowohl, als der vernünftige
Theil der Einwohner die größte Trauer. Man sprach
von nichts Geringerem, als sich der Hinrichtung des
Grafen zu widersetzen, und während einiger Stunden
zitterte der General Guerrero vor Furcht, daß ihm sein
Opfer entgehen könne.

Der Vice=Consul der Vereinigten Staaten, ging
in seiner Entrüstung über das ungerechte Urtheil, da
er nicht die Befugniß hatte einzuschreiten, zu Don
Antonio Pavo um ihn zu bestimmen energisch auf=
zutreten und den Grafen zu retten. Don Antonio
lehnte den Vorschlag, unter Betheuerungen seines Be=
dauerns ab. Er ließ sich durch nichts bewegen.

Indessen sah Don Antonio ein, daß er nicht
umhin könne, dem Grafen einen Besuch zu machen.

Er traf Valentin und den Pater Seraphin bei
ihm. Der Jäger hatte die Vergünstigung erhalten
bis zuletzt bei seinem Milchbruder bleiben zu dürfen.

Der Graf empfing Don Antonio mit eisiger Kälte,
und als derselbe versuchte sich und sein Benehmen zu

entschuldigen, zuckte er statt der Antwort verächtlich mit den Achseln.

Er übergab ihm mehrere Papiere, und fiel ihm in die Rede als er eben in vielen verwickelten Worten darzulegen suchte, daß er an Allem unschuldig sei dessen man ihn anklage, indem er in trocknem Tone sagte:

„Hören Sie, mein Herr, ich bin bereit Ihnen, wenn es Ihnen nützen kann, einen Brief zu geben, in welchem ich anerkenne, daß Sie sich stets musterhaft gegen mich benommen haben, doch unter einer Bedingung . . . . . ."

„Welcher, Herr Graf," fragte er rasch.

„Ich mag nicht kniend und mit verbundenen Augen erschossen werden; verstehen Sie mich, ich will dem Tode in's Auge schauen! Besprechen Sie sich deshalb mit dem Gouverneur. Gehen Sie!"

„Man wird Ihnen diese Gunst gewähren, ich verbürge mich dafür, Herr Graf," antwortete er in seiner Freude so leichten Kaufes davon zu kommen.

Er ging und hielt Wort.

Was kümmerte es den Feinden des Grafen, ob er kniend oder stehend starb? Die Hauptsache war, daß er starb. Der General Guerrero benutzte die Gelegenheit sich auf eine bequeme Weise großmüthig zu zeigen.

Am darauf folgenden Tage brachte Valentin Dona Angela mit; das junge Mädchen hatte das Mönchsgewand angelegt, welches sie bereits früher bei einer sehr ernsten Gelegenheit getragen hatte.

„Ist es heute?" fragte der Graf.

„Ja," antwortete Valentin.

Louis nahm seinen Milchbruder bei Seite.

„Schwöre mir, das Kind zu beschützen wenn ich nicht mehr bin," sagte er.

„Ich schwöre es," antwortete Valentin mit gebrochener Stimme.

Dona Angela hörte die Worte; sie lächelte trübe und trocknete eine Thräne.

„Jetzt fordere ich noch einen anderen Schwur von Dir, Bruder."

„Rede, mein Bruder."

„Schwöre mir zu thun, was ich Dir sagen werde, was es auch sein mag."

Valentin blickte seinen Milchbruder an und sah eine so heftige Angst auf seinen Zügen, daß er den Kopf sinken ließ.

„Ich schwöre es!" murmelte er in dumpfem Tone.

Er errieth, was Don Louis von ihm verlangen würde.

„Ich will nicht, daß Du mich rächest! Glaube mir, Bruder, Gott wird die Rache übernehmen, und meine Feinde früher oder später furchtbarer bestrafen als Du es thun könntest. Versprichst Du, mir zu gehorchen?"

„Du hast mein Wort, Bruder," sagte der Jäger.

„Dank. Nun laß mich von dem armen Kinde Abschied nehmen."

Er ging zu Dona Angela, welche ihm entgegenkam.

Wir werden ihr Gespräch nicht wiederholen. Sie

vergaßen eine Stunde lang Alles, um eine Ewigkeit der Wonne zu durchleben indem sie sich abschloffen und ihr Herz gegen einander ausschütteten.

Plötzlich ließ sich von Außen ein starkes Geräusch vernehmen. Die Thür der Capilla öffnete sich und der Oberst Suarez trat ein.

„Ich stehe zu Diensten Oberst," sagte der Graf ehe Jener reden konnte.

Er strich ein letztes Mal mit der Hand über seine Haare, glättete seinen Schnurrbart, griff nach seinem Panama=Hute, welchen er in der Hand behielt, und entfernte sich, nachdem er einen schwermüthigen Blick um sich geworfen hatte.

Pater Seraphin schritt zu seiner Rechten, Dona Angela mit heruntergezogener Kapuze zu seiner Linken. Valentin folgte wankenden Trittes wie ein Trunkener, während, trotz seiner Anstrengung sich zu bezwingen, seine starren Augen von Thränen überströmten.

Der Anblick des sonnverbrannten Mannes mit den kräftigen Zügen bot in seinem Schmerze, der um so ergreifender war, als er stumm blieb, einen erschütternden Anblick.

Es war sechs Uhr Morgens, die Sonne stieg eben am Himmel auf, das Wetter war prächtig. Die Luft war von kräftigen und betäubenden Düften angefüllt, die Natur lag lachend und heiter da, während ein lebens= voller, kräftiger, geistreicher Mensch zum Tode ging, zum gewaltsamen Tode unter den Streichen seiner un= würdigen Feinde.

Eine unabsehbare Menschenmenge umwogte den Richtplatz, und die Soldaten standen in Schlachtordnung aufmarschirt.

An der Spitze der Truppen brüstete sich der General Guerrero in voller Uniform, strahlend von Edelsteinen im vollsten Glanze.

Der Graf schritt langsam im Gespräche mit dem Missionair heran, und redete von Zeit zu Zeit das heldenmüthige Mädchen an, die ihn in der letzten feierlichen Stunde nicht hatte verlassen wollen. Er hielt den Hut vor das Gesicht, um sich vor den Strahlen der Sonne zu schützen und fächelte sich nachlässig Kühlung mit demselben zu.

Als er auf dem Richtplatze angekommen war, blieb er stehen, wandte sich zu dem Peloton das Befehl hatte die Hinrichtung zu vollziehen, warf seinen Hut auf die Erde und wartete.

Ein Officier verlas das Urtheil.

Nach beendeter Vorlesung umarmte der Graf den Missionair herzlich, drückte Valentin an sein Herz und flüsterte ihm zu:

„Vergiß nicht!"

„Nein!" antworte Jener kaum verständlich.

Da kam die Reihe an Dona Angela. Sie hielten sich lange umfaßt; endlich trennten sie sich wie auf ein verabredetes Zeichen.

„Auf Erden geschieden, wird uns der Himmel bald vereinen. Muth, mein Geliebter!" sagte sie begeistert.

Er antwortete mit einem Lächeln, das bereits dem Himmel angehörte.

Pater Seraphin und Valentin traten ohngefähr funfzehn Schritt zurück, knieten auf der Erde nieder und beteten inbrünstig.

Dona Angela ging, immer noch mit herabgezogener Kapuze, zu ihrem Vater, in dessen Nähe sie stehen blieb. Der General folgte allen Vorbereitungen zur Hinrichtung mit zuversichtlicher Miene und lächelndem Munde.

„Auf, meine wackeren Soldaten!" rief er mit heller, eindringlicher Stimme; „thut Eure Pflicht. Zielt gerade auf das Herz."

Da geschah etwas Eigenthümliches; der Officier gab stotternd den Befehl zu feuern und die Soldaten schossen Einer nach dem Anderen, ohne den Verurtheilten zu treffen.

„Macht ein Ende, Caraï!" rief der General aus.

Die Soldaten luden wieder ihre Flinten; der Befehl Feuer zu geben wurde wiederholt.

Eine Salve prasselte wie ein Donnerschlag und der Graf stürzte mit dem Gesichte auf den Boden.

Er war todt; der Fortschritt, die Bildung zählt einen Märtyrer mehr.

„Lebe wohl, mein Vater," rief eine Stimme dem Generale in's Ohr, „ich halte mein Wort!"

Don Sebastian drehte sich erschrocken um; er hatte die Stimme seiner Tochter erkannt.

Dona Angela rollte in dem Augenblicke zu Boden.

Ihr Vater eilte zu ihr, doch zu spät. Er hielt eine Leiche in seinen Armen.

Seine Strafe fing bereits an. Kaum war der Graf gefallen so eilte Valentin, gefolgt von dem Missionair, zu ihm.

„Niemand soll die Leiche anrühren!" rief er in einem Tone vor welchem die Beherztesten erbebten; hierauf kniete er an der rechten und der Missionair an der linken Seite nieder und Beide beteten.

Curumilla war verschwunden.

Wenn mir Jemand einwenden sollte, daß der Graf von Prébois=Crancé doch nur ein Abenteurer war, so erwiedere ich ob Hernando Cortez nicht denselben Namen verdiente am Vorabende der Eroberung von Mexiko.

In der Politik wie in allen übrigen Dingen rechtfertigt der Erfolg die Mittel und das Gelingen ist nur die Weihe des Genies.

Schlußbemerkung.

Mehrere unserer Freunde haben uns den vollkommen begründeten Einwand gemacht, daß die Rechtfertigung, welche wir unternommen haben, nicht vollständig sein könne, so lange wir unsere Personen in den Mantel der Anonymität gehüllt ließen. Wir fügen uns daher dem Wunsche unserer Freunde. Wer sollte sich nicht der heldenmüthigen Thaten des Grafen Gaston de Raousset=Boulbon entsinnen? Trotz der bestehenden politischen Verwickelungen, betrachtete man doch sein tragisches Ende als ein allgemeines Unglück.

Das Unternehmen jenes unverstanden Titanen, welchem es nur an einem Hebel gebrach, um die Welt aus ihren Fugen zu heben, ist der Gegenstand unserer Erzählung. Don Louis ist der Graf. Neben dem Consul Calvo, dem General Yanès und dem Commandanten Lebourgeois = Desmarais, welche unheimliche Dreieinig-keit den Grafen in's Verderben stürzt, die beiden Ersten durch ihren niedrigen Haß, der dritte aus Eifersucht, Charakterschwäche und Untüchtigkeit; grinsen uns noch die scheußlichen Larven des Obersten Campusano und Cubillas, jener untergeordneten Werkzeuge entgegen, welche gleichsam subalterne Geier und weniger schändlich grausam waren als Diejenigen die sie zum Handeln antrieben. Wir wollen nun noch auf das Gerathewohl einige Namen Derjenigen anführen, welche dem Grafen trotz Allen treu blieben. Zuerst fällt uns Herr A. de la Chapelle, der Hauptredacteur des Messager de San Francisco ein, der ein persönlicher Freund Raoussets war und welchem Letzterer in seiner Sterbestunde die Pflicht, sein Andenken zu rächen, hinterließ. Die Freundschaft begeißte den Genannten zu dem bekannten schönen Buche, das er geschrieben hat; ferner nennen wir Lenoir, Garnier, Lavolle, Lefranc, von welchen die drei letzten, vor Hermosilla den Tod der Tapferen starben. O. de la Chapelle, der Bruder des Journalisten, der ritterliche Anführer de Cocosperiden, endlich den mexika-nischen Capitain Borunda, dessen warme Vertheidigung den Grafen gerettet haben würde, wenn sein Tod nicht in Voraus beschlossen gewesen wäre. Es sind seit jenem Drama, dessen Schauplatz Guaymas war, sechs Jahre vergangen und es ist daher Zeit, daß dem helden= müthigen Opfer jenes unerhörten Justizmordes, die Ge= rechtigkeit geschehe, welche er beanspruchen darf. Es soll uns, als einem seiner bescheidensten Freunde, freuen wenn unser Buch, so unvollkommen es auch sein mag, einen schwachen Beitrag zu der Ehrenerklärung liefert, welcher alle biederen Herzen seit langer Zeit begierig entgegen= sehen. Schließlich bemerken wir noch, daß wir zu unserer Erzählung keinerlei Notizen eingesammelt hatten, sondern unter dem Einflusse unvergeßlicher Erinnerungen mehr mit dem Herzen als mit der Feder geschrieben haben.

Gustav Aimard.

Ende.

Schnellpressendruck von Ernst Stürfe, (C. Schumann) in Schneeberg.